D1504523

pequeños **hábitos**
grandes**cambios**

STEVEN HANDEL

pequeños **hábitos**
grandes **cambios**

Cómo las acciones más sencillas
cambiarán radicalmente tu vida ¡para siempre!

Pequeños hábitos, grandes cambios
Cómo las acciones más sencillas cambiarán radicalmente tu vida ¡para siempre!

Título original: *Small Habits, Big Changes*

Primera edición: junio, 2019

D. R. © 2018, Steven Handel
Publicado por acuerdo con Ulysses Press

D. R. © 2019, derechos de edición mundiales en lengua castellana:
Penguin Random House Grupo Editorial, S. A. de C. V.
Blvd. Miguel de Cervantes Saavedra núm. 301, 1er piso,
colonia Granada, delegación Miguel Hidalgo, C. P. 11520,
Ciudad de México

www.megustaleer.mx

D. R. © La Fe Ciega, por el diseño de cubierta
D. R. © Elena Preciado, por la traducción

ISBN: 978-607-318-048-1

Impreso en México – *Printed in Mexico*

El papel utilizado para la impresión de este libro ha sido fabricado a partir de madera procedente
de bosques y plantaciones gestionadas con los más altos estándares ambientales, garantizando
una explotación de los recursos sostenible con el medio ambiente y beneficiosa para las personas.

Penguin
Random House
Grupo Editorial

Índice

Capítulo 8.
Ritual nocturno:
termina cada día en la nota correcta **129**

Capítulo 9.
Sistemas y metas:
crea un nuevo estilo de vida **137**

Conclusión.
Gran perspectiva, pequeños cambios **161**

Apéndice.
Colección de pequeños hábitos **163**

Introducción

Cada elección que haces influye en tu vida de alguna manera.

Cuando tus elecciones se arraigan en tu rutina diaria, terminan convirtiéndose en hábitos que son difíciles de cambiar. Nuestras elecciones diarias se convierten en una parte importante de cómo nos vemos a nosotros mismos y cómo vivimos nuestra vida.

No siempre nos damos cuenta del poder detrás de estas elecciones, porque comienzan siendo pequeñas e intrascendentes. Sólo se convierten en algo más grande y significante con el tiempo. Un día pruebas tu primera taza de café, por la razón que sea. Tal vez un amigo te la ofrezca, o has visto a tus padres tomar café durante años, o sientes la necesidad de aumentar tu energía antes de ir a la escuela o al trabajo. La razón inicial realmente no importa. Ahora avanza 10 o 20 años, y beber esa taza de café es probablemente *algo que haces sin pensar*. Es sólo una parte normal de tu rutina matutina, y ni siquiera la cuestionas.

Cada hábito sigue un patrón similar. Cada uno comienza con una decisión consciente (incluso si es sólo "¡Mmm, lo probaré!"), luego se transforma en algo que haces porque se ha convertido en parte de lo que eres. No es consciente. No necesita una razón.

Tomas café todas las mañanas porque tomas café todas las mañanas. Es lo que es.

Todos los hábitos eventualmente se convierten en conductas autocumplidas. Es por eso que pueden ser tan poderosos y tan difíciles de cambiar. Por supuesto, un hábito puede ser saludable y constructivo (como ir al gimnasio, leer libros o comer alimentos saludables), o puede ser poco saludable y destructivo (como fumar, discutir o comer comida chatarra).

Saludables o no, los hábitos definen nuestra vida. También determinan hacia dónde vamos y qué nos espera en nuestro futuro. Muéstrame la rutina diaria de una persona y te diré hacia dónde se dirige en su vida futura. No, no porque sea psíquico, sino porque nuestros hábitos siempre tienen consecuencias a largo plazo, positivas o negativas.

Los hábitos son influyentes, pero no son el destino. Tenemos el poder de cambiar nuestros hábitos si estamos armados con la mentalidad y las herramientas adecuadas para ayudarnos a crear un cambio duradero en nuestra vida. Ése es el objetivo detrás de este libro: equiparte con la información y las técnicas para hacer que cambiar los hábitos sea simple, fácil y divertido.

Mi enfoque se centra en hacer *pequeños* cambios.

POR QUÉ NECESITAS PENSAR EN PEQUEÑO

Cuando las personas piensan en la "superación personal", pueden imaginar grandes cambios ocurriendo en su vida de la noche a la mañana. Las personas que nunca antes han ido al gimnasio o han visto una verdura en su plato comienzan a establecer metas poco realistas: "¡Voy a comenzar a ir al gimnasio los siete días de la semana y sólo comeré col rizada!"

Pero ¿qué tan probable es que puedan seguir con sus nuevos objetivos?

A menudo, cuando las personas intentan hacer grandes cambios rápidamente, pronto se estresan, se frustran y se hartan. Luego vuelven a sus viejos patrones. Ésta es exactamente la razón por la que tantas personas que intentan perder peso siguiendo una dieta especial tienen dificultades para mantener el peso. Ven su dieta como una solución rápida y temporal a un problema, sin entender la importancia de pensar a largo plazo.

Titulé este libro *Pequeños hábitos, grandes cambios* porque creo que la clave para la superación personal no es pensar en grande, sino pensar en *pequeño*. Esto significa encontrar pequeños hábitos que pueden desarrollarse exponencialmente con el tiempo.

El cambio rara vez ocurre en un gran momento. El cambio suele ser lento y gradual.

Las personas fracasan en muchos de sus objetivos porque no pueden pensar a corto y largo plazo. Se enredan tratando de encontrar esa única solución mágica que cambiará todo. Y luego, cuando no lo hace, renuncian por completo a la superación personal. Si alguna vez has renunciado a un objetivo, probablemente sea porque no estabas pensando lo suficientemente pequeño y por lo tanto volviste a tus hábitos anteriores cuando no pudiste hacer el gran cambio que querías.

Digamos que una de las cosas que quieres cambiar es tu dieta. Podrías reestructurar completamente tu dieta actual: deshacerte de todo en tu cocina y comprar alimentos "saludables" que nunca antes has comido. O podrías empezar mucho más pequeño. Tal vez en lugar de intentar cambiarte completamente de la noche a la mañana, te concentres en un pequeño cambio, como alguno de éstos:

- Sustituye tu ingesta de refresco por agua.
- Cambia tu merienda del mediodía de papas fritas a fruta o una ensalada.
- Deja de comer esa barra de chocolate mientras ves televisión por la noche.

Éstos son pequeños hábitos que constituyen un excelente punto de partida para una alimentación más saludable.

Hay buenas razones por las que enfocarse en pequeños cambios es mucho más efectivo que enfocarse en grandes cambios instantáneos. Primero, es más fácil hacer un pequeño cambio. Requiere menos fuerza de voluntad y menos energía, por lo que es más alcanzable. En segundo lugar, lograr ese pequeño cambio aumentará tu confianza y te demostrará que el cambio es posible.

Finalmente, el éxito en hacer un pequeño cambio modifica la forma en que piensas de ti mismo. Una vez que ese cambio se convierte en un hábito constante, has comenzado a cambiar tu identidad y cómo te ves a ti mismo. Ahora ya no eres esa persona que toma refrescos en cada comida, come papas fritas todos los días o come dulces mientras ve televisión. Ahora eres la persona que bebe agua con cada comida, come una ensalada saludable o puede sentarse y mirar televisión sin necesidad de algo dulce en la boca.

Cuando ese pequeño cambio te influye para verte de una manera nueva, abre nuevas oportunidades para el cambio. Empiezas a pensar: "Oye, dejé de tomar refresco, ¿por qué no podría dejar de comer comida chatarra también?" Poco a poco empiezas a verte como una persona saludable que hace cosas saludables. Eso es lo que eres ahora.

Te sorprenderás de lo mucho que puedes cambiar en tu vida a través de pequeños cambios graduales. A lo largo de este libro encontrarás colecciones de pequeños hábitos para considerar agregar a tu rutina diaria, junto con consejos y herramientas para probar. Piensa en éstos como los elementos básicos que puedes usar para desarrollar tu rutina diaria, las acciones más pequeñas que puedes realizar cada día para promover el crecimiento y el bienestar. Considera que son *sugerencias*, no tienes que hacerlas todas, pero quiero que tengas muchas opciones entre las cuales elegir.

Un gran tema detrás de la superación personal es que requiere autoexperimentación. Encontrarás que algunos consejos funcionan para ti y otros no tienen ningún sentido. Eso está completamente bien. Diferentes cosas funcionan para diferentes personas. Lo más importante es estar dispuesto a probar cosas nuevas, porque ésa es la única manera de descubrir qué funciona mejor para ti.

Anímate a empujar tus límites un poco. Despacio. Cada día. Sólo un poco.

TOMAR ACCIÓN *VS.* SER UN ADICTO A LA INFORMACIÓN

Una de las trampas más grandes en el esfuerzo de superación personal es convertirse en un "adicto a la información".

Un adicto a la información es alguien que pasa mucho tiempo leyendo libros, mirando videos y escuchando podcasts sobre superación personal, pero pasa poco tiempo poniendo en práctica lo que aprende. Éste es un problema común. Rellenamos nuestro cerebro con información, luego nos encontramos sin saber qué hacer con eso. Esto es especialmente cierto en nuestra era actual, donde estamos constantemente consumiendo información en internet y en las redes sociales.

Por supuesto, es positivo querer aprender tanto como sea posible y hacer tu propia investigación sobre diversos temas. Incluso la navegación ocasional en Google y Wikipedia puede ser divertida e informativa. Claramente, si creyera que aprender cosas nuevas no tiene sentido, no me molestaría en escribir este libro. Pero llega un momento en el que, si no eres capaz de aplicar la información a tu vida cotidiana, te debes preguntar: ¿Qué tan útil es realmente? La búsqueda sin fin de nueva información puede convertirse en una distracción. Creemos que no estamos listos para hacer un cambio, así que pensamos: "Bueno, realmente debería leer más sobre esto antes de decidir cuál es el mejor curso de acción".

Pero esto puede convertirse en una tarea interminable. Nunca sabrás todo sobre un tema. Tener éxito para alcanzar tus metas significa aprender a actuar, incluso cuando te das cuenta de que no tienes un conocimiento completo.

Aún más importante, gran parte de lo que aprendemos a lo largo de nuestra vida no proviene de libros o videos, sino de experiencias personales y de probar cosas nuevas. Al centrarte en la información y no en la acción, en realidad estás limitando tu educación y crecimiento personal al ignorar la importancia de la experiencia práctica. Es como leer libros acerca de cómo jugar beisbol sin nunca levantar una pelota, o ver videos de personas que andan en bicicleta sin subirse a una. ¿Qué tan bueno puedes llegar a ser realmente sin ninguna experiencia? Cuando caemos en la trampa de convertirnos en adictos a la información, pasamos demasiado tiempo "aprendiendo" y no lo suficiente "haciendo".

Esto nos devuelve al tema principal de este libro: pequeños hábitos y pequeños cambios. Los pequeños cambios son pequeñas acciones. De esta manera es como empezamos a transformar "información ⟶ acción", pensando en pequeño e identificando las cosas que podemos comenzar a hacer *hoy* para cambiar la forma en que vivimos nuestra vida.

SÉ PACIENTE CONTIGO

Es esencial abordar la superación personal con la actitud correcta. Antes de poner en práctica cualquiera de los consejos de este libro, quiero asegurarme de que abordas todo este esfuerzo de superación personal con las intenciones y expectativas correctas.

Primero, quiero resaltar la importancia de tener *paciencia*.

Nuestra paciencia es más fuerte cuando tenemos una expectativa saludable de futuras dificultades y obstáculos. Prepárate para ser desafiado. Prepárate para cometer errores. Prepárate para fallar. Y asegúrate de estar listo para seguir *avanzando* sin importar lo que suceda.

Si bien este libro pretende hacer que el cambio personal sea lo más fácil posible, no es realista esperar que no experimentes un poco de frustración y fracaso. Estoy diciendo esto porque quiero que estés preparado. La paciencia viene con aceptar que las luchas y las dificultades son parte de la vida, y por lo tanto nos prepara para enfrentar estas luchas y dificultades cuando realmente ocurran.

No importa dónde estés en la vida, nunca vas a llegar a un punto en el que todos tus problemas se vayan mágicamente. Nuevos obstáculos siempre se presentarán. Por lo tanto, la mejor actitud que se debe tener es no ignorar estos obstáculos futuros o tratar de vivir tu vida evitándolos, sino estar preparados para aceptarlos y enfrentarlos.

Lo sorprendente y poderoso es que cuanto más aceptes la posibilidad de futuros obstáculos en tu vida, menos intensos y dramáticos parecerán cuando realmente ocurran. Con paciencia, los eventos negativos parecen menos sorprendentes o impactantes. Y esto te permite responder de una manera más firme, tranquila y comprensiva.

Sé paciente con tu vida. Y sé paciente contigo mismo.

No te castigues por tus errores. No te rindas a primera vista del fracaso. En su lugar, ten una buena expectativa de que cometerás errores de vez en cuando. Y fallarás de vez en cuando. ¿Por qué? Porque es verdad. Siempre habrá altibajos, y son parte del proceso.

Lo creas o no, la paciencia es una parte importante de una autoestima saludable. La paciencia consiste en establecer estándares y metas realistas para ti mismo, y no ahogarte con la esperanza de alcanzar el objetivo imposible de la perfección. Si crees que tienes que ser perfecto para sentirte bien contigo mismo, entonces nunca te sentirás bien contigo mismo.

¡Ahora comencemos!

1

Tu rutina diaria

Lo que haces a diario es lo que crea la vida que vives.

Tendemos a dar nuestras actividades diarias por sentado. Se convierten en una rutina que repetimos una y otra vez sin pensar en ello, y rara vez nos tomamos el tiempo para pensar en nuestros patrones diarios y en cómo podrían estar influyéndonos.

Pero tu rutina diaria es, en última instancia, lo que influye en tu vida y en lo que te depara el futuro. Entonces, cuando piensas en "cambiar tu vida", en lo que realmente debes pensar es en "cambiar tu rutina".

Sin embargo, antes de centrarte en hacer cambios, sugiero hacer un poco de introspección. El objetivo es escribir cómo se ve un día típico en tu vida. Este ejercicio simple te ayudará a reflexionar sobre tu rutina diaria actual e identificar las áreas en las que quizá desees comenzar a hacer cambios.

Esto no debería tomar más de 10 a 15 minutos. No lo pienses demasiado, no estás siendo calificado. Ésta es sólo una oportunidad para dar un paso atrás y reflexionar un poco.

Ejercicio

Enlista todas tus actividades diarias

PASO 1. Toma una hoja de papel y una pluma (o abre un documento de Word en tu computadora) y escribe "Mi rutina diaria" como título.

PASO 2. Comienza desde el principio de tu día. El primer elemento de tu lista será "Despertar".

PASO 3. Escribe todo lo que haces durante el día, aproximadamente en el orden en que lo haces. Por ejemplo, los siguientes elementos pueden ser "Hacer mi cama", "Ir al baño", "Bañarme", "Vestirme", etcétera. El orden no tiene que ser perfecto, todos tenemos variaciones de un día a otro, pero trata de elaborar un resumen aproximado de tu día promedio, de principio a fin.

PASO 4. Repite las actividades que realizas más de una vez al día (como "Comer"). Es repetitivo, pero hará que tu esquema sea más preciso y te dará una imagen más completa.

PASO 5. También puedes incluir actividades semanales regulares ("Ir al supermercado", "Lavandería", "Limpieza"). No necesitas enumerar todo o llenar cada hora, pero deja espacio y flexibilidad para las cosas que haces con frecuencia, aunque no necesariamente todos los días.

PASO 6. Para el final de tu día, el último elemento de tu lista debe ser "Ir a dormir".

PASO 7. Una vez que hayas completado tu línea de tiempo, regresa y categoriza cada actividad en función del área de tu vida que influye. Si sientes que una actividad cumple con múltiples áreas puedes enumerarla en más de una categoría. Éstas podrían ser algunas de las categorías:

- Salud
- Trabajo / tareas
- Ocio
- Familia / amigos
- Personal / espiritual

PASO 8: Ahora regresa y marca cada actividad según el tipo de influencia que creas que tiene en tu vida:

- Positiva
- Negativa
- Neutral

PASO 9. Decide si cada actividad es algo que necesitas hacer más de (+), menos de (-), o casi lo mismo que estás haciendo ahora (=), y marca con el símbolo correspondiente cada una.

PASO 10. Revisa tu rutina completa y piensa en una o tres actividades que no están en la lista pero que te gustaría hacer más a menudo. Anótala debajo de tu rutina y marca "+" al lado de ellas.

PASO 11. Guarda el documento en una carpeta llamada "Superación personal".

Ahora pregúntate: "¿Es éste el tipo de rutina que podría seguir todos los días hasta que muera?" Esto puede aportar una perspectiva, porque tu objetivo es desarrollar una rutina sostenible a largo plazo. Si te resulta difícil imaginar vivir así, una y otra vez, para siempre (o por un periodo prolongado de tiempo), podría ser una señal de que necesitas hacer algunos cambios. Tu camino actual es insostenible.

Siempre habrá cambios y variaciones de un día para otro. No queremos que todos los días sean exactamente iguales, o que tengamos que seguir la misma rutina como un robot sin mente. Ése no es el objetivo de desarrollar una rutina.

Nada de tu rutina diaria está escrito en piedra. El punto es comenzar a pensar a largo plazo en las cosas que estás haciendo cada día y cómo influyen en tu vida. Recuerda: incluso las acciones más pequeñas, realizadas durante un largo periodo de tiempo, pueden convertirse en algo enorme. Un par de cigarros en un día no te matarán, pero si sigues ese patrón el tiempo suficiente, te estás preparando para graves consecuencias. Del mismo modo, ir al gimnasio una vez no cambiará tu salud o apariencia, pero ir al gimnasio constantemente durante un año hará una gran diferencia.

Este principio es cierto para casi todos los hábitos que tenemos. A menudo, no es un solo acto lo que cambiará completamente tu vida, sino la consistencia y la persistencia de un hábito que conduce a consecuencias reales con el tiempo. Es por eso que prestar atención a tu rutina diaria es esencial para el crecimiento y la superación personales.

Regresa a este ejercicio de vez en cuando para tener una idea de cómo estás gastando tu tiempo todos los días. Esta conciencia es un primer paso para hacer cambios de vida positivos.

2

Los básicos: descanso, alimentación y ejercicio

La forma en que cuidamos nuestro cuerpo y nuestra salud física es uno de los factores más importantes a la hora de maximizar nuestros días y alcanzar nuestro máximo potencial. Hay tres elementos básicos que tienen que ver con nuestra salud física general: el descanso, la alimentación y el ejercicio.

Todos dormimos, comemos y hacemos ejercicio (o no) todos los días. Pero estas actividades son tan básicas para nosotros que casi las damos por sentado, olvidándonos de lo importantes que son —aunque tienen una gran influencia en nuestra vida—. Todas estas actividades pueden tener un efecto de desbordamiento en tu día, influyendo en tu enfoque mental, nivel de energía y resistencia.

En pocas palabras, tu salud se relaciona con casi todos los demás aspectos de tu vida. Es probable que sea por esto que los objetivos relacionados con la salud se encuentran entre los más comunes cuando se trata de superación personal, y con razón. Si no duermes lo suficiente una noche, eso puede arruinar tu día. Todos hemos estado ahí: nos sentimos menos motivados y menos enfocados en el trabajo, más caprichosos e irritables con los demás. Reduce nuestra capacidad de aprovechar al máximo nuestro día y ser nuestro mejor yo.

Todos queremos lucir bien, sentirnos bien y vivir una vida larga y saludable. A menudo, damos por descontada nuestra salud hasta que empezamos a sentirnos mal, pero es importante concentrarnos en la recuperación de la salud a tiempo. A medida que nos adentramos en nuestra rutina diaria y cómo influye en nuestra vida, comenzamos a enfocarnos en estos conceptos básicos que definen la vida de cada persona.

DESCANSO

Los hábitos saludables de sueño son esenciales para poner en orden tu vida y tu rutina diaria. Sin una buena noche de sueño, podemos sufrir una variedad de problemas físicos y mentales, desde fatiga hasta estrés y pensamiento distraído. Con el tiempo, éstos pueden acumularse y contribuir a problemas más grandes, como depresión y trastornos de ansiedad.

Dormir bien puede marcar una gran diferencia en tu vida. Si estás experimentando dificultades con tus patrones de sueño, aquí hay algunos principios clave a considerar.

¿Eres alondra o búho?

Los psicólogos y los biólogos saben que los humanos caen en dos categorías principales cuando se trata de dormir. Éstas se basan en las diferencias en nuestros ritmos circadianos, o relojes biológicos.

Una alondra prefiere irse a la cama temprano y levantarse más temprano, mientras que un búho prefiere quedarse despierto más tarde y levantarse más tarde. Las alondras tienden a sentirse con más energía en la mañana, y los búhos se sienten con más energía al final del día. Comprender tu reloj biológico es importante al ajustar tu horario de sueño para satisfacer tus necesidades personales.

En general, 7 a 10 horas de sueño es lo que la mayoría de los humanos necesita (con raras excepciones), pero *cuándo* deberías dormir depende en gran medida de si eres más una alondra o un búho. A veces necesitamos adaptar nuestras horas de sueño de acuerdo con nuestros horarios de trabajo o de escuela. Pero para determinar el momento *óptimo* para ir a la cama, hazte esta pregunta: "¿Soy más una persona de la mañana o de la noche?"

Sé consistente con tu horario de dormir

Una de las mejores cosas que puedes hacer para desarrollar patrones de sueño saludables es mantener un horario constante día con día. Deberías irte a dormir y despertarte aproximadamente a la misma hora todos los días.

Es importante reconocer esto, ya que muchas personas pasan una o dos noches cada semana despiertas hasta muy tarde, y luego tratan de compensarlo durmiendo mucho al día siguiente (generalmente los fines de semana).

La necesidad constante de ponerte al día con tus horas de sueño puede realmente afectar tu reloj biológico y evitar que desarrolles un ritmo de sueño constante. Haz tu mejor esfuerzo para seguir la misma rutina de sueño cada día.

Puedes usar una alarma para ayudarte a establecer tu horario de sueño, pero lo ideal es que cuando encuentres tu ritmo biológico, te despiertes naturalmente a la misma hora todos los días. No es un requisito, pero es una señal de que estás en sintonía con las necesidades de tu cuerpo.

Usa tu habitación sólo para dormir

Si pasas mucho tiempo en tu habitación en actividades que no están relacionadas con dormir (como mirar televisión, jugar video-juegos o hacer tarea), tu mente comienza a asociar esa habitación con todas esas actividades. Una de las mejores cosas que he hecho es deshacerme de la televisión y la computadora en mi habitación. Ahora esa habitación se usa casi exclusivamente para descansar y dormir. Si quiero hacer otra cosa, tengo que ir a otra habitación.

Esto ayuda mucho, porque nuestra mente puede ser extrema-damente sensible a las señales ambientales (algo que discutiremos más adelante). Limitar las distracciones en tu habitación te ayuda a concentrarte en dormir. Tu mente comienza a asociar esa habita-ción con el sueño. Cuando entras por la puerta y pones tu cabeza en la almohada, tu mente registra: "Es hora de dormir".

Sé físicamente activo durante el día

Una buena noche de sueño a menudo sigue a un buen día de trabajo. Mientras más energía ejercemos mientras estamos des-piertos, más fácil es dormirse una vez que el día llega a su fin.

Si pasas tus días descansando y estando físicamente inactivo, o incluso tomando muchas siestas, eso hará que sea más difícil conciliar el sueño cuando en realidad es tiempo de descansar un poco. Toda la energía que no uses durante el día puede hacer que te sientas ansioso e inquieto. Tu cuerpo necesita participar en actividad física para liberar esta energía.

Nuestra vida es un ciclo de trabajo y descanso, por lo que es necesario estar activo durante el día para lograr un descanso adecuado por la noche.

Reduce el consumo de alcohol y pastillas

El alcohol y las pastillas pueden ser un tipo de ayuda para dormir, pero a menudo no te dan un sueño saludable y productivo. Te noquean pero no te dan la cantidad adecuada de sueño REM. No es bueno tener una dependencia a sustancias particulares para administrar tu ciclo de sueño. Necesitar una bebida cada noche para conciliar el sueño, por ejemplo, podría ser una señal de que necesitas encontrar hábitos de sueño más saludables.

Aprende técnicas de relajación

Aprender técnicas de relajación para hacer antes de dormir es mejor ayuda que consumir alcohol o pastillas. Una de las técnicas más populares se llama "relajación muscular progresiva". En este ejercicio simple te enfocas en los músculos de cada parte de tu cuerpo, los estiras y luego los liberas mientras te enfocas en la calma en esa área específica.

Comienza centrándote en los dedos de los pies, los pies, la parte inferior de la pierna y la parte superior de la pierna. Estira y aprieta cada músculo, luego suelta hasta que el músculo esté libre de estrés y tensión. Continúa con los músculos de la ingle, el abdomen, el pecho, los hombros, los brazos y la espalda. Termina enfocándote en los músculos de la cara, alrededor de la boca, los ojos y la frente.

A medida que pasas de un grupo muscular a otro, gradualmente estarás más relajado, hasta que todo tu cuerpo se encuentre en un estado de calma. Tu respiración se hará más lenta y comenzarás a sentir menos sensación en tu cuerpo, hasta que estés listo para relajarlo completamente y quedarte dormido.

Utiliza afirmaciones de relajación

Las afirmaciones se pueden aplicar a casi cualquier área de tu vida, incluido el descanso. (Hablaremos de las afirmaciones más detalladamente en el capítulo 6, "Herramientas para la motivación".) A veces, cuando tenemos problemas para dormir, comenzamos a tener pensamientos negativos que se alimentan a sí mismos: "Nunca me quedaré dormido" o "Mi mente está demasiado acelerada". Podemos comenzar a tener estos pensamientos antes de irnos a la cama, por lo que se vuelven cada vez más difíciles de superar.

En lugar de llenar tu cabeza con pensamientos negativos, puedes usar afirmaciones para llenarla con pensamientos tranquilos y relajantes. Por ejemplo:

- "Me estoy quedando dormido".
- "Mi cuerpo y mi mente se están calmando y relajando".
- "Todo mi estrés y ansiedad están desapareciendo".

Estas simples afirmaciones pueden preparar tu cuerpo y tu mente para entrar en un estado de sueño. El uso de tales afirmaciones junto con la relajación muscular progresiva (descrita anteriormente) puede hacer que el ejercicio sea aún más efectivo.

Otros pequeños hábitos para mejorar el descanso

Aquí hay algunas ideas más que han funcionado para algunas personas. Pruébalos para ver qué funciona para ti. Tener hábitos de sueño saludables o poco saludables puede hacer o deshacer el resto de tu día.

Escucha sonidos calmantes. Los sonidos calmantes pueden ayudar a relajar tu mente para que te duermas más rápido. Cuando estaba en la universidad, encendía un pequeño ventilador cuando me costaba trabajo dormir. Hoy en día es fácil encontrar "generadores de sonido" en tu computadora o teléfono celular que imiten cascadas, olas del mar, lluvia y otros sonidos calmantes para ponerlos en segundo plano cuando desees quedarte dormido.

Crea una rutina de desaceleración. Lo que haces *antes* de acostarte es importante cuando se trata de tu capacidad para conciliar el sueño. Es útil crear una pequeña rutina para ayudarte a relajarte, desestresarte y preparar tu cuerpo para dormir. Algo tan simple como atenuar las luces, tomar una taza de té verde, lavarse los dientes y leer un capítulo de un libro puede ser una rutina efectiva para calmarte. Tomarte unos minutos para sentarte, mirar las estrellas, escribir en un diario, meditar / rezar o acariciar a tu perro puede calmar tu mente y tu cuerpo antes de que tu cabeza toque la almohada. Crea una rutina de relajación que te funcione. El truco es evitar hacer algo demasiado estimulante antes de acostarte.

Ponte cómodo. Si bien esto puede parecer de sentido común, es un buen recordatorio de que debes optimizar la comodidad tanto como sea posible. Usa ropa que te haga sentir más cómodo mientras duermes, y asegúrate de tener ropa de cama y almohadas limpias y cómodas. A algunas personas les gusta usar calcetines para mantenerse calientes, mientras que otras prefieren dejar que sus pies "respiren" durante toda la noche. Encuentra la ropa de dormir que te ofrezca la mayor comodidad personal y planifica de acuerdo con la temperatura. Si sabes que va a ser una noche particularmente fría, ponte una capa adicional (o una manta adicional) para que no te despiertes temblando en medio de la noche.

Pon tu alarma lejos. Un mal hábito que mucha gente tiene cuando usa una alarma es presionar el botón de repetición repetidamente y mantenerse acostada, medio dormida y medio despierta. Una forma de romper este hábito es colocar la alarma donde tengas que levantarte de la cama para apagarla. Este simple truco te ayudará a despertarte más rápido y mantener tu horario de sueño más disciplinado.

Empaca una maleta mental. Un consejo interesante que he aprendido es empacar una "maleta mental" para tomar unas vacaciones imaginarias. Repasa en tu mente qué artículos necesitarás: ropa, cepillo de dientes, cartera, etcétera. La monotonía de este ejercicio puede relajar tu mente y ayudarte a quedarte dormido.

Minimiza el uso de internet y las redes sociales. Internet y las redes sociales pueden convertirse en una distorsión temporal adictiva. Abrimos YouTube o Facebook, y antes de que nos demos cuenta, han pasado otras dos horas. Evita mirar tu computadora o celular en la noche, cuando quieras prepararte para dormir.

¿No puedes dormirte? Levántate y haz quehaceres. Si llevas acostado en la cama más de 20 o 30 minutos y todavía te sientes con energía y despierto, podría ser una buena idea levantarte y hacer algunas tareas sencillas, como lavar la ropa o los platos. Esto puede ayudar a quemar el exceso de energía, y la monotonía de la tarea puede calmar tu mente y hacer que te sientas más somnoliento.

Pequeños pasos: Descanso

- Mantén un horario regular de sueño.
- Intenta dormir de 7 a 10 horas cada noche.
- Establece una alarma para irte a la cama y para despertarte.
- Mantente físicamente activo durante el día para estar cansado por la noche.
- Usa tu habitación para dormir, no para ver la TV o usar la computadora.
- Asegúrate de que tus almohadas y sábanas estén limpias y cómodas.
- Cepilla tus dientes y lávate la cara antes de irte a la cama.
- Atenúa las luces una hora antes de dormir.
- Deja de usar aparatos electrónicos 30 minutos antes de acostarte.
- Come un refrigerio ligero pero no grandes comidas antes de acostarte.
- Lee un libro, medita o haz algo calmante para relajarte al final del día.
- Toma un baño calmante para descansar tu cuerpo antes de irte a la cama.

- Abre una ventana para que entre aire fresco mientras duermes.
- Cierra las persianas, apaga las luces y haz que la habitación esté lo más oscura posible.
- Reproduce sonidos relajantes para ayudarte a dormir.
- Visualízate en un lugar relajante, en la playa, por ejemplo, o mirando las estrellas.
- Practica la respiración lenta y profunda para calmar tu cuerpo y mente a la hora de acostarte.
- Ten un vaso de agua disponible en tu buró.
- Abraza a un ser querido, a una mascota o incluso a un peluche.
- Si no puedes dormir, levántate y haz otra cosa durante 15 minutos aproximadamente.

ALIMENTACIÓN

Comer es otro de esos hábitos cotidianos que tiene un gran efecto en nuestra salud física y mental. Una dieta saludable puede darte energía, motivación y concentración a lo largo del día, mientras que una dieta poco saludable puede hacer que te sientas lento, irritable y distraído. Todos debemos al menos ser conscientes de lo que estamos comiendo, porque tiene un impacto real en la forma en que funcionamos a lo largo del día.

Este libro no recomienda ninguna dieta específica que debas seguir, y debes consultar con tu médico o con un profesional de la salud antes de realizar cambios importantes en tu dieta. Pero hay muchas cosas que puedes hacer para cambiar tus hábitos alimenticios de manera pequeña y saludable.

Creo que todos *saben*, en el fondo, cómo deben cambiar sus hábitos alimenticios. El consumo de mucha comida rápida, comida chatarra, refrescos, cerveza y dulces es obviamente malo para ti y tu cuerpo. La mayoría de las personas no necesita leer un libro especial de dieta para averiguar qué debe y qué no debe comer. En cambio, con lo que la mayoría de nosotros luchamos es con dar continuidad y comenzar a tomar decisiones diarias diferentes. Se trata de convertir el conocimiento en acción.

En esta sección sugiero algunas formas en que puedes comenzar a cambiar tu dieta. El objetivo es encontrar *pequeños cambios* que puedan sostenerse con el tiempo. Es común que las personas que hacen dieta prueben un programa especial durante unos meses, progresen y pierdan mucho peso, pero luego vuelvan a su antiguo patrón de alimentación porque no planearon para el largo plazo. No pienses en la dieta como una cosa temporal que haces para perder peso. En su lugar, piensa en ella como un cambio de *estilo de vida*. Los nuevos hábitos deben convertirse en quién eres y en cómo te ves en el futuro.

Presta atención a cómo responde tu cuerpo

Es difícil, si no imposible, recomendar una dieta específica que funcione para todos de la misma manera. El cuerpo de cada persona es diferente y todos responderán a cualquier dieta de una manera diferente. Una de mis recomendaciones principales es simplemente prestar atención a cómo responde tu cuerpo a lo que comes. Si escuchamos con más atención a lo que dice nuestro cuerpo después de consumir una bebida, una comida o un refrigerio, podemos tener una idea más clara de qué efecto está teniendo sobre nosotros.

Encuentra una dieta que funcione con tu estómago. Si te encuentras sintiéndote mal y cansado después de una comida, es probable que signifique que comiste demasiado o de una manera poco saludable. Escucha cómo responde tu cuerpo a lo que comiste. Pregúntate: "¿Cómo me siento? ¿Me siento con más energía o menos energía después de consumir eso?" Esta actitud simple puede ser uno de los cambios más grandes en la forma en que te acercas a la comida.

Ve más despacio

Tendemos a movernos rápido estos días en todo lo que hacemos, y eso incluye comer.

Tal vez estamos tan preocupados por el trabajo, la familia y otras responsabilidades que comer parece más una tarea que cualquier otra cosa. Por lo tanto, nos apresuramos a terminar lo más rápido posible para continuar con algo que consideramos más productivo. Pero comer es una actividad que definitivamente merece nuestra atención.

Para empezar, comer más despacio y con atención nos ayuda a *disfrutar* más nuestra comida. Nos da tiempo para experimentar realmente los sabores y las texturas y maximizar el placer que obtenemos de comer alimentos sabrosos. Aún más importante, comer despacio nos ayuda a ser más conscientes de qué y cuánto estamos comiendo.

Toma un poco de tiempo antes de que el cerebro registre que ya no estamos hambrientos, por lo que cuando comes rápidamente y sin pensar, es más probable que consumas mucho más de lo que necesitas para saciarte. Comer rápido puede ocasionar que te sientas hinchado y lleno, y eso es un signo de una alimentación poco saludable. Simplemente disminuir la velocidad puede ser una buena manera de consumir menos y darle tiempo a tu cuerpo para sentirse satisfecho antes de volverte a servir.

Sírvete porciones más pequeñas

Otro turco simple para comer menos es servirte porciones más pequeñas. La mejor manera de hacerlo es usar platos y vasos más pequeños para limitar físicamente la cantidad de comida y bebida que puedes servirte al mismo tiempo.

Tendemos a sentir que tenemos que terminarnos nuestra comida y no desperdiciar nada, así que si usas un gran plato, te sentirás obligado a comerlo todo. Puedes evitar esto fácilmente sirviéndote menos comida *antes* de comenzar a comer. Entonces no hay incentivo para comer más de lo que necesitas.

Esto funciona tanto para comidas completas como para refrigerios. Si estás viendo una película y quieres papas (o lo que sea), está bien, pero en lugar de llevarte toda la bolsa, sirve algunas papas en un recipiente más pequeño. Esto te ayudará a evitar la trampa de comer de una bolsa de comida chatarra que contiene mucho más de lo que deberías consumir de una sola vez.

Una gran parte de la alimentación saludable, especialmente en un mundo donde la obesidad y otros problemas asociados con comer en exceso son preocupaciones importantes, es simplemente comer menos. Y eso comienza dándonos porciones más pequeñas.

Minimiza el consumo de comida chatarra, azúcar y calorías vacías

Uno de los mayores cambios que puedes hacer en tu dieta es lo que decides *no* comer.

Sabemos de manera intuitiva que ciertas bebidas y comidas no son buenas para nosotros, pero una de las cosas más difíciles en realidad es evitar consumirlas, o al menos minimizar nuestro consumo. No estoy en contra de caer en placeres no tan saludables de vez en cuando. Una barra de chocolate ocasional no te va a lastimar, el truco es evitar que se convierta en un hábito frecuente a largo plazo.

No voy a regañarte sobre cómo comer dulces y papas fritas todos los días es malo para ti. Una rápida búsqueda en Google te mostrará numerosos estudios sobre los peligros del azúcar y la comida chatarra. Ya lo sabes. Pero aquí hay algunas maneras de evitar consumir estas cosas en exceso:

Rodéate de alimentos saludables. Una de las maneras más fáciles de evitar la comida chatarra es simplemente dejar de comprarla y tenerla disponible. Si no hay bocadillos poco saludables en tu hogar (o en la escuela / trabajo), entonces no tendrás que preocuparte por tomar esa decisión. Abastécete de opciones saludables en su lugar.

Bebe más agua o té. Otro cambio pequeño pero fundamental que puedes hacer es beber más agua o té, especialmente si son el sustituto de refrescos o bebidas azucaradas que sólo son calorías vacías. El agua es una de las cosas más importantes que debes consumir a lo largo del día; mantiene tu cuerpo hidratado, limpio y sintiéndose bien. El té y el café también pueden ser buenos sustitutos para los bocadillos poco saludables; pueden reducir tu apetito, lo cual es útil si estás tratando de comer menos.

Presta atención a las etiquetas. Muchos de nosotros consumimos productos alimenticios sin siquiera mirar las etiquetas nutricionales y preguntarnos: "¿Qué es lo que realmente estoy poniendo dentro de mi cuerpo?" Cuando finalmente investigamos, puede ser una sorpresa descubrir cuántas calorías (o gramos de azúcar, grasas y sodio) están en un producto, y cuál es el tamaño de la porción deseada. Desarrolla el hábito de revisar las etiquetas de los productos alimenticios para ver qué contienen antes de consumirlos. Compara varios productos en la tienda antes de comprar uno e intenta elegir las opciones más saludables.

Rodéate de personas sanas. Una excelente manera de cambiar tus hábitos alimenticios es pasar tu tiempo con personas que tienen hábitos saludables. Nuestras relaciones diarias pueden tener una gran influencia en nuestras decisiones, por lo que si vemos a un amigo comiendo una bolsa de dulces, estaremos mucho más motivados para comer una nosotros (el mono hace lo que ve). Esto no significa que debas deshacerte de los amigos que tienen hábitos poco saludables, pero puede ser mejor estar cerca de personas más saludables con mayor frecuencia, especialmente durante las comidas.

Ten una variedad de opciones. Comemos comida chatarra porque nos sabe bien, pero hay muchos alimentos saludables y bocadillos que pueden ser igual de sabrosos. Para mantener tus hábitos alimenticios divertidos e interesantes, experimenta con diferentes alimentos para encontrar una variedad de opciones saludables que disfrutes. La variedad puede ayudar a maximizar el placer que obtienes al comer, sin necesitar comer alimentos chatarra y dulces en exceso.

Considera tomar un multivitamínico. Lo ideal es que obtengas los nutrientes adecuados a través de tu dieta, pero deberías considerar tomar un multivitamínico diario sólo para asegurarte de que no tienes deficiencia de vitaminas o minerales importantes. Deberías poder encontrar un multivitamínico completo y económico que tenga todo lo que necesitas. No está mal tomar uno al día para que sepas que tu cuerpo está obteniendo el combustible que necesita para funcionar de la mejor manera.

Los beneficios del ayuno intermitente

Hasta este punto, la mayoría de mis sugerencias dietéticas se han centrado en hacer pequeños cambios, pero aquí hay un cambio un poco más grande a considerar.

Un fenómeno reciente que se está extendiendo en el mundo de la salud es el "ayuno intermitente". La idea básica es ayunar durante cortos periodos de tiempo. Una recomendación típica es ayunar durante 16 horas cada día y dejar toda tu alimentación para las otras ocho horas. Por ejemplo, puedes elegir comer entre las 10 a.m. y las 6 p.m., luego ayunar por el resto de la noche y hasta la mañana siguiente. Para ayudar a reducir el apetito y mantenerte hidratado, puedes beber agua o té verde con una rodaja de limón durante el periodo de ayuno. Pero el objetivo principal es consumir la mayor parte de tus calorías dentro de un periodo de ocho horas.

Las investigaciones han demostrado numerosos beneficios asociados con el ayuno intermitente, tanto físicos (pérdida de peso, reducción de la grasa corporal y mejor funcionamiento del corazón) como mentales (mayor concentración, motivación y autodisciplina). El ayuno intermitente no ayudará a todos, pero vale la pena probarlo, especialmente si uno de tus objetivos es perder peso. Comenzar es a menudo la parte más difícil, por lo que te recomiendo que lo pruebes el fin de semana cuando no tengas mucho que hacer, en caso de que te sientas fatigado la primera vez que ayunas. Además, como dije anteriormente, debes consultar con tu médico o con un profesional de la salud antes de realizar cambios drásticos en tu dieta.

Como la mayoría de las ideas en este libro, el ayuno intermitente no es un requisito, pero es un cambio de hábitos que vale la pena probar si deseas convertirte en un comedor más disciplinado.

Pequeños pasos: Alimentación

- Bebe agua con cada comida.
- Come una ensalada como almuerzo.
- Limita el consumo de comida rápida a una vez por semana.
- Sustituye un refrigerio azucarado por yogur o una fruta pequeña.
- Reduce tu consumo de carne roja a una vez por semana.
- No agregues sal extra a tus comidas.
- Planifica y prepara tus comidas antes de que comience la semana.
- Desayuna temprano para que eches a andar tu metabolismo.
- Cocina tus propias comidas en lugar de comer afuera.
- Sírvete porciones más pequeñas.
- Come despacio y con atención, y date cuenta cuando estés lleno.
- Evita los bocadillos mientras estás distraído o mirando televisión.
- Haz una dieta con un amigo para que puedan responsabilizarse mutuamente.

- Presta atención a cómo tu cuerpo responde a diferentes alimentos.
- Evita el hambre emocional: come para nutrir, no para afrontar.
- Rodéate de refrigerios saludables, en casa y en el trabajo.
- Rodéate de personas que tengan hábitos saludables.
- Toma un multivitamínico diario.
- Disminuye el apetito tomando café o té.
- Prueba el ayuno intermitente los fines de semana o "días de descanso".
- Evita comer solo.
- Haz *smoothies* de frutas y verduras para ayudar a satisfacer tus necesidades nutricionales.
- ¿Te portaste bien todo el día? Recompénsate con un postre o un "refrigerio no saludable".

EJERCICIO

Al igual que dormir y comer, el ejercicio es esencial si queremos maximizar nuestro enfoque, energía y motivación a lo largo del día. Todos sabemos que ser más activos físicamente es bueno para nosotros (y nos lleva a una vida más larga y saludable), pero muchos tenemos problemas para hacer que el ejercicio regular sea una parte integral de nuestra rutina diaria.

Mi enfoque está en las pequeñas maneras de empezar a construir un estilo de vida más activo físicamente. Cuando las personas comienzan una nueva rutina de ejercicios, a menudo piensan que necesitan hacer ejercicio durante una cantidad específica de tiempo todos los días o han fracasado y no tiene sentido hacer nada en absoluto. Fijan una meta como "ir al gimnasio cinco veces por semana", aunque nunca hayan puesto un pie en un gimnasio. Pero tratar de hacer grandes cambios de la noche a la mañana rara vez funciona. Aunque es posible que puedas seguir así durante una o dos semanas, es probable que te sientas estresado y fatigado, y que rápidamente regreses a tus viejos hábitos.

Caemos en la trampa de pensar en el ejercicio como algo que tenemos que incluir en nuestra agenda dos meses antes del verano para que nos veamos bien en la playa, no como algo que necesita convertirse en una parte diaria de lo que somos.

La mentalidad de "todo cuenta"

Uno de los consejos más valiosos a la hora de hacer ejercicio es asumir la mentalidad de que "todo cuenta". Cuando tienes esta mentalidad, te permites hacer tanto o tan poco ejercicio como sea posible, porque *algo es siempre mejor que nada.*

Tal vez hoy sólo tengas 15 minutos libres. Mucha gente pensaría: "Bueno, supongo que no tengo tiempo para hacer ejercicio". Pero aquellos con una mentalidad de "todo cuenta" se tomarán esos 15 minutos y harán algo al respecto, incluso si se trata de dar un pequeño paseo o de hacer algunos saltos. De hecho, si eres alguien que pasa mucho tiempo sentado en casa o en el trabajo, lo más simple que puedes hacer es ponerte de pie por unos minutos. Los estudios demuestran que sentarse durante largos periodos de tiempo está asociado con varios riesgos para la salud. El solo hecho de darte permiso para levantarte y moverte un poco puede tener un impacto.

Cuando tienes una mentalidad de "todo cuenta", es fácil encontrar oportunidades para hacer ejercicio a lo largo de tu día.

Encuentra ejercicios que se adapten a tu vida diaria

Las oportunidades para ser más activos físicamente están a nuestro alrededor si sólo prestamos atención.

El ejercicio no tiene que ser algo que se programe para una hora específica del día. Tampoco tiene que ser algo que se debe hacer en un lugar específico, como un gimnasio o tu sótano. Podemos encontrar formas de estar físicamente activos que encajen naturalmente en nuestras rutinas.

¿Podrías ir a trabajar en bicicleta en lugar de usar el coche? ¿Podrías llevar a tu perro a pasear con más frecuencia? ¿Podrías hacer más actividades físicas con tus hijos, como ir al parque o practicar deportes? Todo esto encaja en la mentalidad de "todo cuenta". Es posible que no pienses en jugar con tus hijos como ejercicio, pero *puede serlo*, siempre y cuando te haga estar en movimiento.

Las oportunidades de ejercicio que descubras dependerán de tu propia rutina diaria. Lo que funciona para ti puede no funcionar para otra persona, y viceversa. Tómate un minuto para pensar una vez más sobre tu rutina diaria. ¿Cuáles son algunas maneras en que puedes agregar más actividad física a tu rutina, incluso si sólo son 10 minutos adicionales?

Replantea el ejercicio de "trabajo" a "diversión"

A menudo pensamos que el ejercicio es "trabajo" en lugar de algo "divertido". Esto puede tener un efecto negativo en nuestra motivación cuando se trata de ser más físicamente activos.

Un interesante estudio realizado por el Laboratorio de Alimentos y Marcas de la Universidad de Cornell en 2014 descubrió que cuando replanteamos el ejercicio como una "carrera divertida" o un "paseo panorámico", es menos probable que comamos alimentos chatarra después. Debido a que no vemos el ejercicio como "trabajo", no necesitamos recompensarnos por hacerlo.

Naturalmente, cuando disfrutamos de algo y nos hace sentir bien, estamos más motivados para hacerlo. Vemos la actividad en sí como su propia recompensa. Tal vez ir al gimnasio solo o correr en caminadora parece una tarea tediosa. Pero ¿qué hay de comenzar un equipo de futbol con amigos? ¿O ir a pasear con tu pareja o unirse a una clase de yoga? Encuentra actividades físicas que *disfrutes* hacer y te resultará mucho más fácil estar naturalmente activo a lo largo del día. Cuando haces algo que te trae alegría, no lo verás como una tarea.

Piensa en las actividades que disfrutaste de niño. Ése puede ser un buen punto de partida para encontrar nuevas actividades que te traigan alegría. Realmente disfrutaba el beisbol, así que parte de mi nueva rutina ha sido ir a las jaulas de bateo y jugar a la pelota con mi hermano. La mejor parte es que no veo esta actividad como un trabajo en absoluto. Estoy motivado a hacerlo porque realmente lo disfruto y me hace sentir bien. Divertirse no significa que no sea ejercicio. Todo cuenta, incluso las cosas divertidas.

Aplica estos principios

Los principios en esta sección realmente me han ayudado a armar mi propia rutina de salud, una que encaja con lo que me gusta hacer y es fácil hacerla funcionar en mi estilo de vida diario. Aquí hay algunas actividades físicas que he estado haciendo con más frecuencia:

- Pasear a mi perro.
- Andar en bicicleta para ir a la tienda o a la biblioteca.
- Ir a las jaulas de bateo.
- Lanzar una pelota de beisbol.
- Jugar en el parque con amigos (y sus hijos).
- Hacer barras cada vez que entro a mi habitación.
- Pasear por la naturaleza con amigos.
- Nadar en la alberca o en el mar.
- Jugar billar cuando invito amigos a la casa (mejor que sentarse frente al televisor).
- Estirar antes de meterme a la regadera.

Todo esto me funciona porque es divertido y cómodo. Mientras que algunos definitivamente son más exigentes físicamente que otros, todos me dan una razón para levantarme y moverme un poco. Las actividades de beisbol provienen de mi disfrute de los deportes desde niño. Las caminatas por la naturaleza y los juegos en el parque son buenas razones para salir al sol. Andar en bicicleta en lugar de conducir por todas partes ha sido muy gratificante, ¡y disfruto mucho más andar en bicicleta que correr!

Puede que no parezca una rutina de ejercicios rigurosa, pero para mí todos éstos son pasos en la dirección correcta. Todo cuenta. ¿Y lo más significativo? Estos hábitos son *sostenibles* para mí, porque los disfruto y encajan bien en mi rutina diaria. Ésta es la razón por la que la perspectiva del "todo cuenta" es tan importante: no se trata de trabajar durante unos meses para perder peso, sino de crear hábitos saludables que duren toda la vida.

¿Cuáles son algunos ejercicios pequeños, divertidos y fáciles que podrías comenzar a agregar a tu propia rutina? ¿Qué oportunidades para la actividad física se ocultan a lo largo del día? Recuerda, no importa lo pequeño que comiences: todo cuenta.

Pequeños pasos: Ejercicio

- Camina un kilómetro antes de ir a trabajar.
- Estira para comenzar tu mañana.
- Haz una repetición de lagartijas / saltos / barras entre actividades.
- Evita estar sentado demasiado tiempo, levántate con frecuencia, aunque sólo sea durante unos pocos minutos.
- Utiliza las escaleras en lugar del elevador.
- Haz actividades físicas que encuentres divertidas (andar en bicicleta, nadar, tenis, etcétera).
- Estaciónate lejos, así tendrás que dar un pequeño paseo para llegar a donde quieres ir.
- Haz repeticiones de barras o sentadillas antes de comer un bocadillo.
- Haz repeticiones de barras cada vez que entres a tu habitación, oficina, etcétera.
- Únete a una liga deportiva con amigos.
- Ve al gimnasio con alguien que te responsabilice.
- ¡Rodéate de personas sanas!
- Escucha música mientras haces ejercicio.
- Siempre que puedas, camina o anda en bicicleta en lugar de conducir.
- Practica ejercicios de mente y cuerpo, como yoga o tai chi, para mejorar la conciencia del cuerpo.
- Haz deportes u otras actividades físicas con tus hijos.
- Juega con tus mascotas: llévalas a pasear, sácalas, juega "luchitas".

- Pasa tiempo en la naturaleza, incluso si es sólo en un parque.
- Haz el amor con tu pareja más a menudo.

EN RESUMEN

Dormir, comer y hacer ejercicio son increíblemente importantes para estar bien si quieres maximizar tu salud, tu felicidad y tu energía. Si bien muchas de las ideas de este capítulo pueden parecer de sentido común, la clave es que todas son pequeñas y fáciles de comenzar en un solo día. Eso los convierte en buenos puntos de partida para el cambio y la superación personal.

Probablemente deberías concentrarte sólo en un pequeño hábito (o quizá dos) a la vez. Espera hasta que ese hábito se haya integrado completamente en tu rutina diaria y luego puedes pasar al próximo cambio que deseas hacer.

Identifica cuál de las tres áreas básicas (descanso, alimentación y ejercicio) necesitas trabajar más (piensa en el ejercicio de tu "rutina diaria" en el capítulo 1), luego concéntrate en eso. Estas áreas se unen entre sí, así que no te sorprendas si notas un efecto de desbordamiento. Puedes encontrar que comer alimentos más saludables te da más energía, por lo que tienes más ganas de hacer ejercicio. Y al hacer más ejercicio, es posible que sea más fácil conciliar el sueño por la noche.

Cada hábito que adoptamos influye en el resto de nuestro día de una manera pequeña.

Un primer cambio genera un efecto dominó. Encuentra un pequeño hábito en el que puedas comenzar a trabajar hoy para generar impulso y motivación. Luego puedes seguir construyendo ese cambio, transformándolo en algo mucho más grande.

3

Ciclos de hábitos
y fuerza de voluntad

Casi todos los hábitos que tenemos están impulsados por una fórmula a la que los psicólogos se refieren como "ciclos de hábitos". En este capítulo descubrirás cómo podemos usar este marco para cambiar los viejos hábitos y crear nuevos.

El concepto básico, según Charles Duhigg en su popular libro *El poder de los hábitos*, es que cada hábito se puede dividir en tres partes principales: *1)* Señal, *2)* Rutina y *3)* Recompensa. Aquí hay un breve resumen de lo que significa cada uno de éstos:

- **Señal:** un estímulo de tu entorno que activa tu cerebro para realizar el hábito. (Ejemplo: una fiesta divertida te influye para que quieras beber alcohol.)
- **Rutina:** el "hábito" real (una acción física) que sigues cada vez que se presenta la señal. (Ejemplo: beber alcohol.)
- **Recompensa:** el beneficio físico o mental que obtienes al seguir un hábito en particular. (Ejemplo: beber facilita la socialización.)

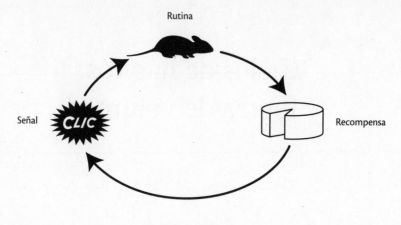

El ciclo de hábitos

A menudo ni siquiera somos conscientes de estos ciclos de hábitos. Los seguimos sin prestar atención consciente a lo que nos lleva a las decisiones que tomamos. Pero encontrarás que todos los hábitos siguen este patrón de "señal → rutina → recompensa" de una manera u otra. Al comprender mejor tus propios hábitos particulares, puedes usar esta información para cambiar cualquier comportamiento específico.

Digamos que todos los días, después de la cena, te sientas en tu sofá para ver la televisión mientras comes un bote de helado. Ése es un hábito peligroso, y probablemente la razón por la que has aumentado 10 kilos en los últimos meses. Sin embargo, no importa cuánto lo intentes, parece que no puedes romper el hábito.

Lo que necesitas hacer es identificar tu ciclo de hábitos. ¿Cuál es la rutina que quieres cambiar? ¿Cuáles son las *señales* que te llevan a seguir esa rutina? ¿Y cuáles son las *recompensas* que obtienes como resultado? Al comprender el ciclo de "señal → rutina → recompensa" puedes modificar tu comportamiento más fácilmente.

ENCUENTRA LA SEÑAL

Una "señal" es un estímulo de tu entorno que te impulsa a seguir una determinada rutina. Podemos tener problemas para identificar señales porque hay mucha información inconsciente que puede motivar cualquier hábito en particular. ¿Cenas a cierta hora todos los días porque tienes hambre? ¿O porque el reloj marca las 6:30 p.m., o tus hijos comienzan a pedir la cena? ¿O porque estás en casa después del trabajo y ahí es justo cuando comienza tu rutina de cena? Los psicólogos han identificado diferentes categorías de señales que activan nuestros ciclos de hábitos. Si estás tratando de encontrar qué indicio está motivando un hábito específico, considera estos posibles factores desencadenantes:

- **Ubicación:** ¿Dónde estás cuando se activa tu ciclo de hábitos?
- **Hora:** ¿Qué hora del día es?
- **Estado de ánimo:** ¿Cuál es tu estado emocional?
- **Pensamientos:** ¿Qué estás pensando?
- **Personas a tu alrededor:** ¿Quién te rodea cuando actúas con este hábito?
- **Acción previa:** ¿Qué haces inmediatamente antes de que se active el hábito?

Éstas son preguntas útiles que debes hacerte cuando intentas descubrir qué es lo que inicia un ciclo de hábitos específico. Una vez que entiendas la señal que desencadena tu acción, puedes usar esa información para comenzar a cambiar el comportamiento. Supongamos que descubres que tu hábito de beber generalmente se desencadena por tu ubicación (fiesta, bar, club) o por las personas con las que estás (amigos que aman beber). Una forma en que puedes interrumpir el ciclo de hábitos es evitar lugares o personas que te motiven a beber.

Identificar la señal que desencadena tu comportamiento es un excelente primer paso para cambiar un hábito específico, ya que puedes evitar exponerte a señales insalubres o crear nuevas asociaciones entre esas señales y hábitos diferentes y más saludables.

PRUEBA DIFERENTES RECOMPENSAS

También es importante ver qué recompensa te está dando cada hábito. Cada hábito tiene un beneficio percibido, o no estaríamos motivados a hacerlo en absoluto. Pregúntate: "¿Qué estoy obteniendo realmente de este comportamiento? ¿Cuáles son los beneficios percibidos?"

Volvamos al ejemplo de comer helado mientras miramos la televisión. Al probar diferentes recompensas, puedes ver qué obtienes de esa actividad. ¿Estás comiendo helado porque tienes hambre? ¿Estás aburrido y es una forma de pasar el tiempo? ¿Sientes que sólo necesitas "hacer algo" mientras miras televisión? ¿O es lo que haces para socializar con la familia o compañeros?

Es posible que tengas que experimentar con diferentes recompensas antes de descubrir qué es lo que realmente deseas en esa situación. Tal vez intentes comer una ensalada de pollo en lugar de un helado, pero después sientes la necesidad de tomar un helado. Esto sugiere que la recompensa que obtienes del helado no está relacionada con el hambre. A continuación, puedes intentar relacionarte con la familia de una manera diferente, como jugar un videojuego juntos. Si tu ansia por el helado desaparece después de esta actividad, tu hábito de helado puede ser impulsado por la recompensa de socializar con familiares o amigos.

Éste es un ejemplo simple, pero entiendes la idea. Las personas hacen cosas por muchas razones diferentes, pero experimentar con diferentes recompensas puede ayudarnos a encontrar las necesidades que nuestro cerebro realmente desea que se cumplan. Si entendemos eso, podemos reemplazar nuestros viejos ciclos de hábitos con nuevos ciclos de hábitos que aún nos dan las recompensas que realmente queremos.

HAZ UN PLAN PARA CAMBIAR TUS CICLOS DE HÁBITOS

Una vez que identifiques la "señal ⟶ rutina ⟶ recompensa" detrás de tus ciclos de hábitos será mucho más fácil hacer un plan para cambiarlos.

Una investigación convincente realizada por psicólogos muestra que tener un plan para actuar de cierta manera en un determinado momento y lugar hace que sea mucho más probable que nos comprometamos con nuevos comportamientos. Dichos planes se llaman "intenciones de implementación". La idea básica es formar un plan "si-entonces" para ayudar a inculcar nuevos hábitos. Escribe tu plan y repítelo: "Si surge la situación X, responderé Y". X se refiere a la señal que recibes de tu entorno; Y es la nueva rutina que deseas seguir en lugar de tu hábito anterior.

Por ejemplo, cuando se trata de comer un helado mientras ves televisión, tu nuevo plan podría ser: "Si estoy viendo televisión, entonces me prepararé una ensalada saludable o comeré un poco de yogur". Al crear un plan, escribiéndolo y repitiéndotelo, será más probable que lleves a cabo el nuevo comportamiento cuando te encuentres nuevamente en esa situación. La próxima vez que te prepares para ver televisión, ya estarás pensando: "Prepararé una merienda saludable".

Puedes cometer errores en el camino. No seas demasiado duro contigo cuando trates de cambiar hábitos, especialmente los que están más arraigados. Tal vez algunos días no pienses en tu señal y olvides tu nuevo plan. Tal vez otros días te resulte más fácil simplemente recurrir a tu viejo hábito. Es razonable esperar que tomará algo de práctica antes de que tu nuevo ciclo de hábitos se convierta en automático.

Como Charles Duhigg escribe en su libro *El poder de los hábitos*: "Los hábitos no son el destino, se pueden ignorar, cambiar o reemplazar. Pero también es cierto que una vez que se establece el ciclo y surge un hábito, tu cerebro deja de participar por completo en la toma de decisiones. Por lo tanto, a menos que luches deliberadamente contra un hábito, a menos que encuentres nuevas pistas y recompensas, el viejo patrón se desarrollará automáticamente".

Simplemente entender cómo funcionan los ciclos de hábitos hace que este proceso sea más fácil. Siempre involucrará algo de autodisciplina y paciencia para obtener los resultados que deseas. No te sorprendas si tropiezas un poco. Recuerda que estás tratando de volver a cablear tu cerebro, y eso lleva tiempo.

HÁBITOS APILADOS: COMBINANDO HÁBITOS NUEVOS Y VIEJOS

Cuando se trata de nuestra rutina diaria, un ciclo de hábitos a menudo se alimenta directamente de otro ciclo de hábitos.

Si recuerdas, una de las principales señales que puede desencadenar un hábito es la acción inmediatamente anterior. Esto significa que a veces realizamos un hábito simplemente porque tiende a seguir otro hábito en nuestra rutina diaria. Tal vez después de lavarte los dientes por la mañana, normalmente te metes a bañar. Al hacer estos hábitos seguidos durante un largo periodo de tiempo, se vinculan intrínsecamente, casi como si fueran un solo ciclo de hábitos.

Curiosamente, un nuevo concepto conocido como "hábitos apilados" sigue este mismo principio, y es una excelente manera de incorporar nuevos hábitos a tu rutina. La idea es vincular un nuevo hábito que desees establecer con otro hábito que ya sea parte de tu rutina.

Entonces, si deseas crear un nuevo hábito, encuentra un hábito ya consistente con el cual emparejarlo. Configura un plan similar a las "intenciones de implementación", discutido anteriormente, pero estructurado como "Después de hacer X, haré Y" o "Antes de hacer X, haré Y". Aquí hay algunos ejemplos de hábitos apilados:

- Antes de meterme a bañar haré 10 lagartijas.
- Después de hacer ejercicio, meditaré durante 10 minutos.
- Antes de comer, me tomaré un minuto para reflexionar en algo por lo que estoy agradecido.
- Después de beber mi taza de café, responderé los correos electrónicos.
- Antes de irme a dormir, escribiré durante 10 minutos en mi diario.

Cada uno de estos ejemplos combina un viejo hábito con uno nuevo. Ésa es la clave. Éstos son sólo algunos ejemplos, pero las posibilidades son infinitas. Una vez que hayas creado una fuerte asociación entre el viejo hábito y el nuevo, comenzarás a hacerlos juntos de forma natural y automática.

FUERZA DE VOLUNTAD

La capacidad de cambiar nuestros hábitos es una parte importante de cultivar una vida sana y feliz, pero hay muchos factores a considerar cuando se trata de cambiar uno mismo.

"La fuerza de voluntad" es la autodisciplina para hacer algo, incluso cuando no tienes ganas de hacerlo. Por ejemplo, aquellos que tienen más fuerza de voluntad en una situación dada serán capaces de resistirse a ese pedazo de pastel o motivarse para ir al gimnasio, mientras que alguien con menos fuerza de voluntad puede encontrar estos comportamientos más difíciles si no son parte de una rutina regular.

Recientemente ha habido una buena cantidad de investigaciones sobre cómo podemos maximizar nuestra fuerza de voluntad cuando tratamos de cambiar nuestros hábitos. El famoso libro *Willpower: Rediscovering the Greatest Human Strength* del psicólogo Roy F. Baumeister brinda un excelente desglose de esta investigación y nos dice cómo aplicarla a nuestra vida.

Aquí están los hallazgos importantes:

La fuerza de voluntad es un recurso limitado que necesita ser usado sabiamente. Cuando los investigadores hicieron que los participantes se resistieran a comer una galleta, luego los participantes se desempeñaron peor en un rompecabezas difícil. Cuando ejercemos nuestra fuerza de voluntad para una tarea, resulta que tenemos menos fuerza de voluntad para dedicar a otra tarea. Por lo tanto, es mejor centrarse en cambiar sólo un hábito importante a la vez. Si te disipas, tratando de cambiar demasiado al mismo tiempo, es probable que te canses y abandones tus metas antes.

La fuerza de voluntad puede ser fortalecida, como un músculo. Si bien es cierto que nuestra fuerza de voluntad es limitada, podemos desarrollar nuestra capacidad a largo plazo ejerciendo activamente nuestra fuerza de voluntad. Practica cambiando los hábitos pequeños primero, como reemplazar los refrescos por agua o salir a caminar todas las mañanas. Puedes pasar a hábitos más grandes una vez que tu fuerza de voluntad y motivación se hayan fortalecido. Es como ejercitar cualquier otro músculo. No puedes esperar levantar 90 kilos la primera vez que vas al gimnasio, pero si trabajas en ello, entonces algún día podrás hacerlo. Nuestra fuerza de voluntad funciona de la misma manera. Tenemos que ejercitarla para aumentar su fuerza y cultivar la autodisciplina.

Creer que tienes más fuerza de voluntad te hace esforzarte más. Un estudio publicado en la revista científica *Proceedings of the National Academy of the Sciences* en 2013 descubrió que los estudiantes podían evitar tomar un descanso del estudio simplemente teniendo la mentalidad de que podían aguantar más tiempo. Cuando nos motivamos a cambiar hábitos, es importante recordar que nuestra actitud y creencias desempeñan un papel crucial. Si crees que puedes lograr algo, es más probable que te esfuerces para hacer ese esfuerzo adicional. Pero cuando crees que tu fuerza de voluntad es débil, es probable que te conformes con menos y te des por vencido, porque no sientes que puedes tener éxito. Así que, aunque nuestra fuerza de voluntad puede ser limitada técnicamente, sigue siendo útil cultivar la mentalidad que puedes contar con energía ilimitada, especialmente cuando intentas correr esos últimos kilómetros o resistirte a ese refrigerio poco saludable a altas horas de la noche.

Practica dando un paso atrás. Una de las mejores maneras de desconectarnos de nuestras rutinas y cambiar nuestro comportamiento es practicar una breve "Pausa de meditación". Esto es cuando nos alejamos de lo que estamos haciendo en el momento y reflexionamos sobre nuestra mentalidad actual. Establece una alerta en tu teléfono (o computadora) y utilízala como un recordatorio para dar un paso atrás y preguntarte: "¿Qué estoy haciendo? ¿Qué estoy pensando? ¿Qué estoy sintiendo? ¿Qué estoy tratando de lograr?" Luego, puedes volver a lo que estabas haciendo con una perspectiva nueva. La fuerza de voluntad requiere concentración y conciencia; si continúas tu día inconscientemente, sin cuestionarte, entonces no estás ejercitando gran parte de tu fuerza de voluntad ni potencial. A veces necesitamos dar un paso atrás antes de elegir una nueva dirección.

Una vez que desarrollas un hábito, puedes concentrar tu fuerza de voluntad en otro. Los hábitos se caracterizan por ser rutinarios y automáticos. Cuando aprendiste a atarte los zapatos por primera vez, es posible que hayas requerido mucho esfuerzo y concentración. Pero ahora que lo has hecho tantas veces, es una segunda naturaleza para ti y, por lo tanto, prácticamente no requiere fuerza de voluntad ni energía. De la misma manera, una vez que construimos con éxito un nuevo hábito, ya no necesitamos tanta fuerza de voluntad para llevarlo a cabo. En su lugar, podemos comenzar a enfocar esa fuerza de voluntad en nuevos comportamientos. Una de las grandes lecciones detrás de la psicología de la fuerza de voluntad es que debemos centrarnos en un cambio de vida importante a la vez.

ESTABLECE LÍMITES ENTRE TÚ Y TUS MALOS HÁBITOS

Si bien la fuerza de voluntad es un aspecto importante para mejorar, sólo tienes una cierta cantidad de fuerza de voluntad para usar en el transcurso de tu día. Una vez que se seca, debes relajarte y reiniciar antes de que tu "reserva" de fuerza de voluntad vuelva a acumularse. En un estudio publicado en *Psychological Science* en 2013, se encontró que las personas tienden a ser más éticas por la mañana y menos éticas por la tarde. Nuestra capacidad para resistir la tentación disminuye a lo largo del día, y esto se aplica no sólo al comportamiento no ético, sino a cualquier hábito que intentemos resistir.

Si no siempre puedes confiar en la fuerza de voluntad, ¿qué puedes hacer? Una herramienta que puedes usar es crear *límites* entre tú y tus hábitos no deseados. Al hacer esto, puedes detener un ciclo de hábitos antes de que comience. El objetivo es hacer que cada vez sea más difícil (o imposible) ceder al mal hábito, incluso si realmente quieres hacerlo.

Obviamente, es más fácil no comer comida chatarra si mantienes tu hogar y tu oficina libres de dulces, papas fritas y helados. De la misma manera, es más difícil volver a caer en un hábito de drogas si interrumpes tus contactos con amigos y distribuidores que pueden proporcionarte dicha sustancia.

Crea situaciones en las que sea casi *imposible* llevar a cabo tu mal hábito. Cuantos más límites, más difícil y mejor. Al principio puede doler no obtener lo que deseas, pero gradualmente aprenderás otras formas de vivir tu vida y satisfacer tus necesidades. Los límites pueden obligarte a adaptarte a nuevas situaciones de una manera positiva.

Ésta es la razón por la que las personas que acaban de salir de una mala relación bloquean a su ex en Facebook, eliminan su número de su teléfono o dejan de salir con amigos de su antiguo círculo social. No siempre podemos confiar en nosotros mismos para cambiar, incluso cuando sabemos que deberíamos. Somos imperfectos. Los factores situacionales pueden superar a las mejores intenciones, por lo que es útil encontrar formas de evitar ponernos en ciertas situaciones antes de que se conviertan en un problema.

Otro ejemplo de cómo establecer límites para modificar hábitos es el uso de correos electrónicos y bloqueadores de sitios web para evitar la procrastinación en el trabajo. ¿Con qué frecuencia te encuentras revisando tu correo electrónico o Facebook o Twitter? Imagina lo útil que sería si pudieras temporalmente dejar de lado a estos chupadores de tiempo. Si realizas una búsqueda en internet de "complementos para bloquear páginas web", puedes encontrar algo que funcione con tu navegador para ayudarte a evitar perder tiempo en sitios web improductivos.

Sé creativo. Mientras puedas identificar los factores desencadenantes detrás de tus hábitos indeseables, puedes encontrar maneras de evitarlos. De esa manera podrás burlar tus patrones negativos por completo.

Pequeños pasos: Limpieza

- Haz tu cama todas las mañanas.
- Vende, dona o tira cualquier posesión que ya no necesites.
- No abandones una habitación sin recoger tu tiradero.
- Lava tus platos tan pronto como termines de comer.
- Deposita la ropa sucia directamente en el cesto de la ropa sucia.
- Divide las tareas de limpieza si vives con otros.
- Escucha música para hacer más divertida la limpieza.
- Abre las ventanas para que entre aire fresco.
- Usa flores y plantas para llenar tu hogar con aromas agradables.
- Para dejar ir un objeto sentimental, tómale una foto y guárdala.
- Siempre limpia lo que ensucies cuando seas un invitado en la casa de otra persona.
- Quítate los zapatos adentro de tu casa.
- Guarda documentos importantes (documentos fiscales, contratos, recibos) en un archivero.
- Lava la ropa una vez por semana, no permitas que se acumule.
- Lava tus sábanas semanalmente.
- Guarda las cosas tan pronto como termines de usarlas.
- No dejes que se acumule un desastre con el tiempo.
- Dedica un poco de tiempo cada semana a la limpieza.
- Una vez al año, dedica un día a un "maratón de ordenar".

4

Ritual matutino: comienza cada día en la nota correcta

Si tu rutina diaria es una sinfonía, entonces tu mañana es la primera nota del día, y es importante que sea la correcta.

Tu mañana puede hacer o romper tu día entero. Si comienzas sintiéndote estresado y cansado, tendrás dificultades para completar el resto de tu rutina diaria y aprovechar al máximo tus horas de vigilia. En este capítulo quiero centrarme en desarrollar un ritual matutino que funcione para ti, te dé energía y te brinde un impulso positivo al entrar en tu día.

Las mañanas son un buen momento del día para concentrarse, ya que es posible que tengamos un poco de tiempo adicional para nosotros mismos para trabajar en la mejora personal y cambiar nuestra actitud general antes de comenzar el día. Pero antes de ofrecer consejos sobre cómo desarrollar tu propio ritual matutino, quiero hacer una distinción entre "rutinas" y "rituales".

RUTINA *VS.* RITUALES

A lo largo de este libro uso la palabra "rutina" para describir una serie de hábitos, porque ésa es la forma en que comúnmente pensamos en el término. Sin embargo, a menudo utilizo las palabras "ritual" y "rutina" de manera indistinta y, a veces, prefiero "ritual" porque me parece más poderoso e impactante. Por eso en este capítulo me refiero a un "ritual matutino" en lugar de una "rutina matutina".

La gran diferencia entre un ritual y una rutina no es necesariamente la acción, sino la actitud detrás de la acción. Para muchos, una rutina es levantarse cada mañana, desayunar, lavarse los dientes, bañarse, vestirse e ir a trabajar. No es una parte significativa de nuestro día, pero debe hacerse y así lo hacemos. Se ve como una tarea.

Los rituales, por otro lado, son vistos como prácticas más significativas. A menudo hay simbolismo involucrado, y un sentido de propósito. Una gran parte de un ritual es la experiencia subjetiva de la actividad.

Aquí están las principales diferencias que veo entre las rutinas y los rituales:

RUTINAS	RITUALES
Compromiso mínimo	Compromiso total
Tedioso y sin sentido	Simbólico y significativo
Motivado externamente	Motivado internamente
La vida como deber	La vida como celebración
Conciencia apagada	Conciencia brillante
Serie de eventos desconectados	Cuenta una historia
Poco sentido de pertenencia	Sentido de pertenencia
Enfocarse sólo en completar tareas	Enfocarse en desempeño de tareas

Aunque a menudo asociamos los rituales con la religión o la espiritualidad (y eso ciertamente puede ser un componente de tus mañanas), creo que podemos transformar cualquier rutina en un ritual con la actitud correcta. En lugar de ver cada actividad diaria como algo que "sólo necesita hacerse", puedes comenzar a apreciar que esos comportamientos regulares cumplen una función positiva en tu vida.

Incluso el cepillarse los dientes se puede ver como una actividad significativa que simboliza cosas importantes: cuidar de tu cuerpo, amarte a ti mismo y presentar tu mejor yo. Cuanto más sentido encuentres en tus actividades diarias, más motivado te sentirás para hacerlas. Intenta dar un paso atrás y ver la imagen más grande detrás de tus actividades diarias, y cómo sirven y mejoran tu vida en general. Esto puede agregar significado y positividad a todo lo que haces.

TU PROPIO RITUAL MATUTINO

Ahora vamos a trabajar creando un ritual matutino que funcione para ti. Un buen punto de partida es revisar el ejercicio de rutina diaria del capítulo 1 y examinar cómo comienzas la mayoría de tus mañanas ahora. Luego puedes decidir qué pequeños ajustes quieres hacer.

Pregúntate: "¿Qué necesito realmente en la mañana para comenzar mi día de la mejor manera?" Tus necesidades de la mañana pueden incluir prepararte para el día (desayunar, bañarte, vestirte, lavarte los dientes), disfrutar de un poco de paz y relajación (tomar té y ver las noticias o escuchar música), hacer algo de actividad física (salir a caminar o ir al gimnasio), hacer ejercicios de motivación (afirmaciones, visualizaciones) o una combinación de estas cosas.

Primero, permíteme compartir mi propio ritual matutino y cómo cada actividad sirve a mi día en general:

- **¡Despertar!** Obviamente, éste es el primer paso para todas las mañanas.
- **Hacer mi cama.** Es bueno completar una pequeña tarea para comenzar el día con un sentido de logro (y simplemente hace que las cosas se vean bien).
- **Pasear a mi perro.** Una necesidad para mí, pero se siente bien salir, tomar un poco de aire fresco y moverse un poco para despertar mi cuerpo y mi mente. Y pasar tiempo con el cachorro generalmente me pone de buen humor.
- **Tomar café y escuchar música.** Agradable "tiempo a solas" para relajarme, pasar tiempo con mis pensamientos y disfrutar de unos momentos de paz antes de comenzar mi día. (Esta parte de mi "ritual" por lo general dura de 15 a 30 minutos, dependiendo de la cantidad de tiempo que tenga.)
- **Estirar conscientemente.** Normalmente paso 10 minutos haciendo estiramientos para despertar mi cuerpo y hacer que la sangre fluya. Nada intenso, sólo le da a mi cuerpo un rápido "¡Hola, despierta!"
- **Lagartijas / barras / sentadillas.** Después de estirar, llevo mi cuerpo un poco más allá haciendo algunas repeticiones de lagartijas, barras y sentadillas. Éste es un gran minientrenamiento para mí en la mañana, especialmente si no tengo otras oportunidades a lo largo del día para estar físicamente activo.
- **Desayunar.** Muchas personas se saltan el desayuno, pero es una comida importante para mí para poner mi cuerpo en

plena marcha. Generalmente preparo algo realmente rápido (huevos, fruta, etcétera) y es posible que tenga las noticias en segundo plano para tener una idea rápida de lo que está pasando en el mundo.

- **Bañarme / lavarme los dientes.** Cuidar la higiene personal es algo típico de la mañana. Por lo general, disfruto esto como un momento para reflexionar sobre lo que quiero hacer ese día, así como también para darme palabras de ánimo y alimentarme de pensamientos positivos.

- **Afirmaciones / palabras de ánimo.** Esto es sólo una rápida "charla positiva" dentro de mi cabeza, cosas simples como "Tienes el poder de hacer lo mejor hoy" y "Te mantendrás enfocado en lo que se necesita hacer en el momento". Lo trato como un discurso motivacional que me daría un entrenador antes de un gran partido. (A menudo hago esto mientras me baño o justo después.)

- **Beber un vaso de agua y tomar vitaminas.** Una buena manera de asegurarme de que mi cuerpo se reponga y rejuvenezca antes de comenzar mi día.

- **Ponerme a trabajar.** Aquí es cuando termina mi ritual matutino y comienza oficialmente mi día productivo.

Éste es un breve resumen de mi propio ritual matutino, que generalmente no toma más de 60 a 90 minutos. No hay nada especial ni exclusivo en mi ritual, pero funciona para mí y me pone en el estado mental correcto para comenzar mi día. Tu ritual matutino puede ser bastante diferente. Mucho depende de tu propia personalidad y de lo que funcione mejor para ti, así como del tiempo y de las otras responsabilidades que tengas.

Algunas personas prefieren leer el periódico, ver un programa matutino en la televisión o hacer algo de limpieza. Algunos llaman a su mamá o papá, participan en yoga / meditación / oración, o se levantan una hora antes para ir al gimnasio. Recomiendo una combinación de actividad física y actividad mental para que tanto el cuerpo como la mente estén despiertos y listos. Sin embargo, las actividades específicas no importan siempre y cuando comiences tu mañana con una nota positiva que te haga sentir listo para conquistar tu día.

Tus mañanas siempre variarán un poco de un día a otro, especialmente si surgen responsabilidades inesperadas. Pero el objetivo principal es crear una versión aproximada de tu rutina "ideal".

Ejercicio
Crea tu rutina matutina

PASO 1. Revisa tu ejercicio de "Rutina diaria" del capítulo 1, enfocándote específicamente en tus hábitos matutinos.

PASO 2. Reflexiona sobre tu ritual matutino actual. Pregúntate:

- "¿Es mi ritual matutino actual suficiente como para que me dé energía y esté listo para comenzar mi día?"
- "¿Mi ritual matutino actual estimula mi cuerpo y mi mente?"
- "¿Cuánto tiempo necesito para prepararme para mi día? ¿Me estoy despertando a buena hora?"

PASO 3. Ahora toma una hoja de papel y una pluma (o abre un nuevo documento en tu computadora) y escribe el encabezado "Ritual matutino" en tu documento.

PASO 4. Haz una lista paso a paso de tu ritual matutino ideal, comenzando con "Despertar". Puedes mirar mi ritual para ideas, pero ten en cuenta que deseas crear algo que funcione para *ti*.

- Si tus mañanas carecen de estimulación física, considera agregar actividades físicas como yoga, estiramiento, caminar u otro ejercicio.
- Si tus mañanas carecen de estimulación mental, considera agregar lectura, meditación, oración, afirmaciones o palabras de ánimo.
- Incluye todos los hábitos básicos relacionados con la salud y la higiene, como comer, bañarse, lavarse los dientes, usar hilo dental, vestirse, tomar tus medicinas o vitaminas.
- Considera si puedes apilar ciertos hábitos, como hacer afirmaciones mientras te bañas.

PASO 5. Una vez que hayas completado tu lista, piensa en cómo cada hábito en tu ritual matutino le sirve a tu vida. Guarda el documento en tu carpeta de Superación personal.

Has completado el ejercicio. ¡Gran trabajo!

Los rituales matutinos pueden durar desde 15 minutos hasta varias horas, dependiendo de las necesidades del individuo. No tienen que ser complicados, pero debes prestarles atención, ya que pueden influir en el tono del resto del día. Debes estar dispuesto a experimentar y probar cosas nuevas. Encuentra un ritual que funcione para ti y tu personalidad, necesidades, deseos y responsabilidades particulares.

5

El poder de los impulsos

En psicología, un "impulso" es cualquier pequeño cambio en nuestro entorno que puede influir en nuestro comportamiento y en la toma de decisiones. Los impulsos son de creciente interés en el estudio de cómo cambiar los comportamientos de las personas de manera sutil (especialmente sin el uso de mandatos gubernamentales o incentivos económicos). Muchas organizaciones, incluidos gobiernos, empresas, escuelas y organizaciones sin fines de lucro, están empezando a aprovechar el poder de los impulsos para influir en las decisiones de las personas.

Un ejemplo de cómo usar un impulso es cuando la cafetería de la escuela coloca alimentos saludables al nivel de los ojos y alimentos menos saludables en lugares más difíciles de ver. Este pequeño cambio en el entorno en realidad influye en los estudiantes para elegir los alimentos más saludables, simplemente porque son más accesibles.

El libro *The Last Mile: Creating Social and Economic Value from Behavioral Insights* del científico del comportamiento Dilip Soman es una fantástica revisión de la investigación realizada hasta ahora sobre los impulsos. Sienta las bases para comprender cómo los individuos y las organizaciones pueden comenzar a utilizar el poder de los impulsos para influir en las elecciones de manera positiva.

Algunos impulsos son creados por empresas para influir en los consumidores, o por gobiernos para influir en los ciudadanos. Los individuos pueden usar impulsos en sí mismos para cambiar su propio comportamiento. Este capítulo describe tanto los "impulsos inconscientes" (pequeños cambios que pueden influir *inconscientemente* en nuestras elecciones) como los "impulsos conscientes" (pequeños cambios que pueden influir *conscientemente* en nuestras elecciones).

Mientras que ninguno de estos impulsos es necesario para cambiar tus hábitos, pueden ser herramientas y ayudas útiles para facilitar el cambio de hábitos, especialmente si se combinan con un conocimiento más amplio sobre cómo funcionan los ciclos de hábitos. Mi recomendación es que te enfoques en un hábito importante que estás tratando de cambiar y luego identifiques sólo un impulso que puedas empezar a aplicar para hacer ese cambio un poco más fácil.

Recuerda: comienza con algo pequeño, piensa gradualmente y comenzarás a hacer grandes cambios con el tiempo.

IMPULSOS INCONSCIENTES

Los impulsos inconscientes son formas de influir en el comportamiento que ocurre fuera de nuestra percepción consciente. Éstas son maneras sutiles de presentar una elección que puede influir significativamente en nuestras actitudes y decisiones. Al hacernos más conscientes de estos impulsos y tomarnos el tiempo para cambiarlos, podemos prepararnos mejor para la felicidad, la salud y el éxito en casi cualquier área de nuestra vida.

Elección por defecto. Uno de los impulsos más comunes es hacer de un comportamiento deseado la opción "predeterminada". Cuando las personas utilizan un nuevo producto, servicio o sitio web, es mucho más probable que mantengan la configuración predeterminada a que la cambien. Es más fácil permanecer con el *status quo*. Éste es un poderoso impulso que muchos sitios de medios sociales utilizan para recopilar datos de los consumidores. Cuando te inscribes en muchos sitios web, aceptas automáticamente que tu información sea compartida. Del mismo modo, se ha demostrado que las donaciones de órganos aumentan si se presenta a los individuos con esta opción por defecto cuando obtienen su licencia de conducir.

Aplicándolo a tu vida diaria: Cambia la configuración predeterminada de tu tecnología a la que más te convenga a ti y a tus objetivos de vida. Por ejemplo, cambia tu página de inicio de internet de algo improductivo (Twitter / Facebook) a algo más productivo. Presta atención a la configuración predeterminada de tu computadora, teléfono y otros dispositivos. ¿Están sirviendo a tus metas o las están dañando?

Medio ambiente. Cualquier cosa en nuestro entorno puede ser una influencia potencial en nuestros pensamientos y comportamientos. Los estudios nos han dado una amplia una gama de ejemplos, incluyendo cómo una imagen de los ojos en una pared puede influenciar a la gente a actuar más éticamente y a donar más generosamente a una caridad. (La sensación de ser observado puede ejercer una poderosa influencia sobre el comportamiento humano.) Otro estudio mostró que un hombre que sostenía una guitarra era visto como más atractivo que un hombre sin guitarra. Estos pequeños impulsos ambientales pueden influir en nuestra toma de decisiones.

Aplicándolo a tu vida diaria: Presta atención a tu entorno, especialmente los lugares donde pasas mucho tiempo (como tu cuarto, oficina de trabajo, coche). ¿Están estos ambientes manteniéndote motivado y al servicio de tus objetivos? Elige muebles y decoración que llenen tu mente con buenos sentimientos durante todo el día, sin siquiera estar consciente de ello. Si estás tratando de mejorar tu salud, encuentra carteles motivantes sobre ejercicio y alimentación correcta. Recuerda: tu mente capta estas señales ambientales, así que la atmósfera a tu alrededor puede hacer una gran diferencia en tu actitud general.

Influencia social. Un gran motivador de nuestras elecciones es la influencia social. Cuando vemos a otras personas comportarse de cierta manera, tendemos a imitar sus decisiones. Esto se conoce como el "efecto de subirse al tren". En un nivel inconsciente pensamos: "Bueno, si muchas otras personas están tomando esta decisión, entonces debe ser una buena decisión y yo también la tomaré". En un estudio de caso, los investigadores hicieron llamadas telefónicas para aumentar la participación de los votantes. Un guion enfatizaba que se esperaba que la participación de los votantes fuera baja, mientras que el otro guion decía que se esperaba que la participación fuera alta. Resultó que cuando se les dijo a los votantes que se esperaba que la participación fuera alta, fue mucho más probable que participaran ellos mismos.

Aplicándolo a tu vida diaria: Las personas con las que te rodeas pueden tener un gran impacto en tus propias elecciones de vida. Realmente seguimos el viejo cliché, "mono ve, mono hace". Si sólo sales con personas que comen mucha comida chatarra y nunca hacen ejercicio, es más probable que hagas lo mismo. Pero si sales con personas que son físicamente activas y comen de una manera saludable, también te será más fácil hacerlo. Las investigaciones demuestran que nuestras redes sociales a menudo determinan quiénes somos y en quiénes nos convertimos. Después de todo, somos criaturas sociales que quieren encajar con otras personas y ser aceptadas por el grupo. Asociarse con personas exitosas, felices y saludables te motiva a adoptar hábitos que te harán exitoso, feliz y saludable también.

Preparación. Cuando la exposición a un estímulo en nuestro entorno influye en cómo respondemos a un estímulo exitoso, eso se llama "preparación". Esto sucede sin que seamos conscientes de ello. Por ejemplo, los individuos que se presentan con la palabra "doctor" están preparados para responder más rápidamente a la siguiente palabra si es "enfermera" que si es "pan", porque hay una fuerte asociación entre "doctor" y "enfermera". La idea básica es que el primer estímulo que recibimos en una situación nos puede poner en la mentalidad de actuar de cierta manera hacia el siguiente estímulo.

Aplicándolo a tu vida diaria: Esto es similar a los consejos anteriores sobre cómo prestar atención a tu entorno, pero en este caso, quieres centrarte en el estímulo inicial al que te expones antes de comenzar una actividad. Por ejemplo, un póster de un atleta te preparará para que te esfuerces más en el gimnasio que un póster de alguien leyendo un libro. Elige un comportamiento específico que desees mejorar y encuentra maneras de preparar tu cerebro para realizar el nuevo hábito deseado. Nuestro cerebro es muy susceptible a las señales del medio ambiente. Ten en cuenta eso mientras te preparas para tus diversas actividades.

IMPULSOS CONSCIENTES

Los impulsos conscientes son formas de cambiar el comportamiento humano que normalmente requieren una conciencia consciente *en el momento*. Muchos de nosotros tomamos decisiones sin realmente pensar o cuestionarnos. Los impulsos conscientes nos obligan a dar un paso atrás y reevaluar exactamente qué tipo de elección queremos hacer antes de tomar una decisión final.

Límites. Cuantos más pasos se den para tomar una decisión, más difícil será comprometerse con esa decisión. La aplicación de este sencillo principio puede ser una forma eficaz de frenar los malos hábitos. Al crear límites adicionales entre nosotros y nuestras malas decisiones, hacemos cada vez más difícil continuar tomando esas decisiones. Por ejemplo, poner un candado en el gabinete donde guardas la comida chatarra significa que tienes que dar ese paso extra de abrir el gabinete antes de darte el gusto. Este pequeño límite te da un poco más de tiempo para evaluar tu decisión antes de actuar en consecuencia. De la misma manera, tener comida chatarra a la mano (como un bote de M&M's en tu escritorio) hace que sea más probable que comas de manera poco saludable, porque mientras menos límites se interpongan en tu camino, más fácil es tomar una decisión. Los límites pueden ayudarte a evitar los malos hábitos y a desarrollar otros mejores.

Aplicándolo a tu vida diaria: Escoge algo de lo que quieras hacer menos o eliminar por completo y encuentra maneras de crear múltiples límites entre tú y ese hábito. Cuantos más límites se te ocurran, mejor, porque eso te hará más propenso a elegir un mejor hábito.

Asignación de fondos. La asignación de fondos es una forma útil de ser más conscientes de cómo gastamos nuestro dinero y tiempo. Un ejemplo básico es la separación de los ingresos en diferentes categorías: Comestibles, Alquiler, Universidad, Ocio, Ahorro, etcétera. Cuando asignamos dinero para un uso particular, nuestra mente está más comprometida a usar el dinero de la manera designada. En un estudio se encontró que cuando los individuos recibían el pago en dos sobres y uno estaba marcado como "Ahorros", tenían muchas más probabilidades de ahorrar dinero que aquellos que recibían todo su pago en un solo sobre sin marcar. Al separar nuestro dinero en categorías presupuestarias, podemos frenar el consumo excesivo y ahorrar adecuadamente. Puedes aplicar este mismo concepto a la forma en que dedicas tu tiempo, destinando horas al trabajo, la familia o los pasatiempos para que tu mente se comprometa a ciertas actividades en ciertos momentos.

Aplicándolo a tu vida diaria: Si tienes problemas de administración de tiempo o dinero, la asignación de fondos es definitivamente un buen enfoque de sentido común para dividir tus recursos y hacerte responsable. Tómate el tiempo para escribir tus asignaciones y guárdalas como recordatorio. Un uso popular de la asignación de fondos es destinar un porcentaje de tus ingresos mensuales a los ahorros para que no uses tu sueldo entero sin pensar.

Dividir. La división es un poco como la asignación de fondos, pero se centra en dividir los artículos de consumo en partes más pequeñas, especialmente cuando se trata de comer y beber. Usar platos y vasos más pequeños para la cena a menudo influye en las personas para que elijan porciones más pequeñas y coman menos en general. De manera similar, las personas comerán menos de un bocadillo si lo dividen en bolsas más pequeñas. Piensa en esto: comer una bolsa grande de palomitas implica sólo una decisión, y una vez que te comprometas a ello, estarás tentado a terminar todo el asunto. Psicológicamente, nuestra mente quiere terminar lo que empezamos. Pero comer tres bolsas pequeñas de palomitas de maíz son tres decisiones separadas, así que es más fácil detenerte después de comer una bolsa. Las investigaciones muestran que el aumento del número de puntos de decisión fomenta un consumo más consciente de alimentos y bebidas, o incluso de cosas como la televisión y el internet. Puedes limitar el consumo de televisión, por ejemplo, configurando tu televisor para que pregunte cada 45 minutos más o menos si deseas apagarlo.

Aplicándolo a tu vida diaria: Identifica una cosa que tiendes a consumir en exceso, como una comida o bebida en particular, y luego encuentra maneras de dividirla en dos partes en unidades más pequeñas. Toma esa bolsa grande de papas fritas y sepárala en una docena de bolsas más pequeñas. Al hacer esto, te estás comprometiendo a porciones más pequeñas a la vez, así que tendrás que tomar una decisión completamente nueva si quieres otra bolsa.

Alertas. Configurar una alerta en tu reloj, teléfono, tableta o computadora puede ser un poderoso impulso para hacernos conscientes de nuestras elecciones diarias. Si tienes problemas para concentrarte en el trabajo, es posible que quieras configurar tu computadora para que te avise cada dos o tres horas. Esto puede servir como un recordatorio de que necesitas completar un cierto proyecto (o simplemente volver al trabajo) y probablemente deberías salir de Facebook, Twitter, o cualquier otra cosa que te esté distrayendo. Ésta es una pequeña manera de inyectar una mayor conciencia en tus actividades diarias. Cada vez que suena una alerta, te ves obligado a evaluar lo que estás haciendo en el momento presente y a tomar la decisión de continuar con eso o comenzar otra cosa.

Aplicándolo a tu vida diaria: Utiliza las alertas como una "inyección general de conciencia" para ayudarte a dar un paso atrás y evaluar lo que estás haciendo en ese momento (especialmente durante los momentos del día en los que típicamente te distraes). O utilízalas como un recordatorio para seguir adelante con un hábito específico que estás tratando de crear, por ejemplo, establecer una alerta una hora antes de ir al gimnasio, o comenzar tu tarea. Si recibes tres alertas en una hora que te recuerdan que se supone que debes hacer ejercicio, vas a estar mucho más motivado para cumplir con ese deber que si simplemente tratas de recordarlo. Utiliza alertas para mantenerte en el buen camino y hacerte responsable.

Progreso virtual. Para mantenernos comprometidos con nuestras metas, ayuda si podemos ver que estamos progresando hacia el logro de esas metas. De lo contrario, es probable que nos deshagamos de la decisión y nos vayamos. Cuando la gente está esperando por teléfono para hablar con el servicio al cliente o haciendo una fila, quieren saber que su compromiso no es en vano. Mediante la creación de "puntos de progreso", como postes indicadores o tiempos estimados, los clientes pueden ver que están avanzando. Este sentimiento de progreso también es la razón por la que muchas personas se vuelven adictas a las aplicaciones y juegos para celulares. Recibir retroalimentación inmediata y llegar a los puntos de control puede disparar dopamina en nuestro cerebro y motivarnos a seguir jugando.

Aplicándolo a tu vida diaria: Un concepto emergente de superación personal se conoce como "gamificación". Éste es el proceso de tratar de hacer tu vida y tus metas más parecidas a las de un videojuego, en el que ganas puntos para llegar al "siguiente nivel". Puedes asignar puntos a hábitos específicos que estás tratando de crear, luego, al final del día, suma los puntos que has ganado. Después de llegar a un cierto número de puntos o alcanzar un hito en particular, puedes darte una recompensa (tal vez un día de "consentirte", o algo bonito que te compres para ti mismo). Muchas de las aplicaciones móviles de hoy en día también utilizan la gamificación para ayudar con la motivación y la creación de hábitos. Un ejemplo popular es Fitbit, para el seguimiento de datos de salud y estado físico. Otro del que he oído hablar mucho es Habitica, que aplica elementos de juego de rol a varios hábitos y objetivos. En realidad es divertido y motivador pensar en ti mismo como el héroe de tu propio videojuego. Intenta hacer una búsqueda en internet de "Apps para gamificación de hábitos" para encontrar una variedad de aplicaciones para el celular. El punto es encontrar o crear un sistema que te permita medir tu progreso para que puedas tener una sensación de logro, ver la evidencia de que estás avanzando y mantenerte motivado.

Pequeños pasos: Dinero

- Ahorra por lo menos 10% de todos tus ingresos.
- Presupuesta todos los gastos cada mes.
- Compra en tiendas de segunda mano y ventas de garaje.
- Prepara tu comida en casa en lugar de comer afuera.
- No compres cosas sólo para indicar afluencia o estatus.
- Encuentra un trabajo que ofrezca posibilidad de crecimiento.
- Comienza un proyecto complementario para obtener ingresos adicionales.
- Utiliza conscientemente las tarjetas de crédito y no dejes que se acumule la deuda.
- Encuentra cosas baratas o gratuitas que hacer los fines de semana.
- Haz una venta de garaje para vender cosas que no necesitas.
- Toma en cuenta el futuro, no sólo consumas por el presente.
- Aprende a arreglar tus propios muebles y electrodomésticos.
- Usa productos de segunda mano de la familia y los amigos.
- Cuida bien tus pertenencias para que duren más tiempo.
- Aprende a cortar tu propio cabello.
- Concéntrate en comprar experiencias, no cosas.
- Compra un auto que sea confiable y económico.
- Almacena y reutiliza los alimentos sobrantes en lugar de tirarlos.

- Aprovecha los descuentos o las rebajas de cosas que ya tienes planeado comprar.
- Siempre lleva algo de dinero extra escondido en tu cartera.
- No apuestes dinero que no estás dispuesto a perder.
- Guarda el dinero de reserva en algún lugar de tu casa para utilizarlo en caso de emergencia.
- Invierte tus ahorros de manera segura.
- Recuerda que el dinero es sólo una herramienta, depende de ti cómo lo uses.

6

Herramientas para la motivación

Ahora tienes una buena comprensión de cómo funcionan los hábitos y qué estrategias puedes usar para empezar a cambiarlos. Lo que has aprendido puede ser enormemente efectivo, pero siempre ayuda tener herramientas adicionales a tu disposición para mantenerte energizado, sentirte bien y dar tu mejor cara. Este capítulo ofrece una variedad de herramientas de motivación. Muchas de éstas son simples, fáciles e incluso divertidas de trabajar en tu rutina diaria, y pueden jugar un papel importante en el aumento de tus emociones positivas.

Diferentes herramientas funcionan mejor en distintas situaciones, dependiendo de tu estado de ánimo y de lo que estás tratando de lograr. Por ahora, concéntrate en una de las herramientas descritas en este capítulo y encuentra una manera de aplicarla a tu vida diaria.

AFIRMACIONES Y CITAS

En la terminología de la superación personal, una afirmación es simplemente una declaración positiva que nos repetimos a nosotros mismos para influir en nuestros pensamientos, sentimientos y mentalidad general.

Nuestra mente no siempre piensa en una dirección positiva, así que ayuda escribir pensamientos de apoyo y luego ganar un poco de tiempo en el día para recitárnoslos a nosotros mismos, ya sea en voz alta o en nuestra cabeza. Al practicar activamente esta forma de pensamiento constructivo podemos crear nuevas conexiones en el cerebro que hacen que estos pensamientos nos lleguen de forma natural y espontánea.

No hay nada mágico en las afirmaciones: son simplemente palabras que puedes usar para ayudar a cambiar tu punto de vista. Es similar a leer una cita inspiradora de tu atleta, científico, filósofo, maestro o músico favorito. Busca palabras que te inspiren. Algo tan simple como "Haré lo mejor que pueda hoy" puede darte una motivación extra al empezar el día.

Aquí están algunas afirmaciones de mi colección personal. Probablemente reconocerás un par de estos dichos, pero esto te dará una idea de las diversas maneras en que puedes usarlos.

- **"Cada día en todos los sentidos me estoy volviendo mejor y mejor."** Esta afirmación clásica fue creada en 1920 por el psicólogo francés Émile Coué, quien popularizó por primera vez la idea de la autocomunicación positiva.
- **"Si no hay dolor, no hay ganancia."** Una afirmación común para aquellos que tratan de superar el dolor o el estrés temporal para lograr una meta; es especialmente apropiada cuando se trata de ejercicio o condición física. Es posible que tengamos que experimentar alguna tensión física antes de que podamos desarrollar músculos o perder peso.

- **"Esto también pasará."** Un mantra popular para aquellos que están pasando por momentos difíciles; este pensamiento definitivamente me ha salvado cuando me he sentido atrapado en una situación desesperada o de muy mal humor.
- **"Los pequeños cambios diarios conducen a grandes cambios con el tiempo."** Ésta es una afirmación personal que me repito constantemente, y encaja perfectamente con el tema de este libro.
- **"Cada día es una nueva oportunidad para poner mi mejor pie adelante."** Otra afirmación personal que utilizo todo el tiempo; estas palabras me ayudan a ver cada día como un pizarrón en blanco con el que puedo hacer lo que quiera.
- **"Sólo hazlo."** Reconocerás este eslogan de los comerciales de Nike. Es utilizado por muchos como motivación para actuar y no para pensar demasiado, un problema común para aquellos de nosotros que queremos mejorar.

Como puedes ver, una afirmación puede venir de cualquier parte. Puede ser una cita de alguien famoso, una frase de una película o un libro, un eslogan comercial, una declaración positiva que has creado por tu cuenta, o simplemente algo que alguien dijo una vez que realmente te afectó. Las palabras que inspiran a una persona no necesariamente inspiran a otra, así que no copies simplemente afirmaciones aleatorias de internet. Busca las que realmente te hablen.

Aprovecha al máximo tus afirmaciones

Las afirmaciones pueden ser una herramienta efectiva que vale la pena probar e integrar en tu día, y no requieren mucho tiempo o esfuerzo. No son necesarias de ninguna manera, pero pueden ser una forma divertida y fácil de aumentar tu motivación. Aquí hay algunas ideas para usarlas.

Crea tu propia colección. Reúne una colección personal de "Afirmaciones y citas positivas" y guárdalas en tu computadora o en la carpeta de Superación personal que hayas creado. Empieza escribiendo de tres a cinco afirmaciones que te parezcan significativas, y luego sigue añadiendo a partir de ahí. Mi colección actual incluye más de 300 afirmaciones reunidas a lo largo de los años. Esto ha demostrado ser un recurso fantástico cuando necesito una inyección de motivación y positividad.

Recítalas durante tu ritual matutino. La manera más común de usar las afirmaciones es recitarlas en voz alta o internamente durante cinco a 10 minutos. Simplemente escoge tres afirmaciones que resuenen contigo en un día dado, y luego recita cada una de ellas con valentía varias veces, con propósito, significado y entusiasmo. Éste es un hábito muy simple de añadir a tu ritual matutino. Puedes practicar fácilmente tus afirmaciones mientras te bañas, te cepillas los dientes o conduces al trabajo.

Ponlas en tu casa u oficina. Escoge algunas afirmaciones que te gusten especialmente, escríbelas en notas adhesivas o tarjetas, y colócalas donde las puedas ver durante todo el día: en un espejo o en el refrigerador, encima de tu cama, junto a la pantalla de tu computadora, en tu coche, etcétera. Piensa en esto como "recordatorios de positividad".

Crea contraseñas positivas. Un buen truco es crear contraseñas que sean pequeñas afirmaciones. De esa forma, cada vez que entras a tu computadora, correo electrónico o redes sociales, estarás escribiendo un mensaje positivo para ti. Puedes elegir contraseñas como "CrezcoCadaDia" o "VivoEnElPresente" o "LaMejorVersion-DeMi". Sé creativo, pero asegúrate de crear contraseñas seguras que no se puedan adivinar fácilmente.

Experimenta con diferentes palabras. Recuerda, la clave es recitar palabras y frases que tengan un fuerte impacto emocional para ti. Experimenta cambiando algunas de las palabras en afirmaciones familiares para ver si puedes hacerlas más poderosas para ti. Trata de usar un lenguaje audaz y exagerado para fortalecer el mensaje. ¡Diviértete con esto! Incluso puedes añadir una palabra de maldición si así lo deseas.

HACER LISTAS

Escribir es una manera útil de mantener nuestra mente enfocada, organizada y pensando con claridad. Es fácil quedarse "atorado en la cabeza" cuando pensamos para nuestros adentros. ("Oh… necesito hacer esto, esto, y esto mañana.") La escritura nos da una manera de convertir pensamientos borrosos y abstractos en algo más concreto. (1. Sacar la basura. 2. Recoger a Tommy de la escuela. 3. Ir a la cita con el médico.)

Hacer listas, en particular, es una forma sencilla pero eficaz de mantener nuestra mente enfocada. Puedes encontrar ejemplos perspicaces de esto en el libro de Atul Gawande *The Checklist Manifesto: How to Get Things Right*. Gawande describe cómo la simplicidad de una lista de verificación ha revolucionado una amplia gama de campos, desde la salud pública a la aviación, la cocina y la arquitectura.

Hacer una lista nos ayuda a no pasar por alto lo básico, dar por sentado las cosas o perder la noción de lo que es importante. Nuestra mente puede distraerse por las cosas equivocadas, así que una lista corta es una manera de mantenerla mirando en la dirección correcta, sin importar lo que estemos tratando de lograr. Las listas también pueden recordarnos cosas que nos motivan, inspiran y nos dan energía y pasión.

Listas para motivación e inspiración

Hay muchas maneras en que podemos usar las listas para ayudar a guiar nuestra vida y mantenernos enfocados. Te recomiendo que hagas al menos una de las siguientes listas y la guardes en tu carpeta de Superación personal. Siempre puedes regresar y cambiar o añadir a tus listas en el futuro. Nada de lo que escribes es irreversible, sólo son herramientas para que tu mente piense en la dirección correcta.

Cuanto más construyas a partir de estas listas, más poderosas serán. Imagínate si un día tienes más de 100 cosas en tu "Lista de gratitud" o tu "Lista de logros". Eso podría ser una cosa extremadamente motivadora e inspiradora para recordar cuando necesitas un poco de energía positiva.

Fortalezas. Anota tus fortalezas personales y atributos positivos. La psicología nos muestra que a menudo tenemos un "sesgo de negatividad" cuando se trata de pensar en nosotros mismos; tendemos a enfocarnos en nuestros defectos más que en nuestras fortalezas. Entonces, piensa en las cosas en las que eres bueno. Comienza con tres a cinco características positivas sobre ti (amable, inteligente, buen oyente, trabajador, etcétera). Luego, trata de pensar en al menos una vez en que experimentaste cada característica. Puede ser algo grande o pequeño, pero el punto es que identifiques estas características positivas y recuerdes los momentos en que las demostraste. Reflexionar sobre esta lista puede aumentar instantáneamente tu confianza y sentido de autoestima.

Logros. Haz una lista de tus logros pasados. Cuando pensamos a dónde queremos ir en nuestra vida y cómo queremos mejorar en el futuro, a menudo olvidamos lo lejos que hemos llegado. Todos han experimentado al menos un par de veces haber logrado algo y tener éxito en algo, grande o pequeño. Digamos que quieres mejorar tus habilidades matemáticas pero que normalmente no obtenías buenas calificaciones, excepto por aquella vez que obtuviste un 10 en esa clase de secundaria. Escribe eso bajo tus logros para recordarte que tienes la capacidad de ser bueno en matemáticas en las circunstancias correctas. Los logros pasados pueden ser una poderosa motivación para logros futuros, porque nos demuestran que tenemos el potencial para ser exitosos. En su libro *Tools of Titans*, el gurú de la motivación Tim Ferriss recomienda crear un "Tarro de cosas impresionantes" lleno de pequeños pedazos de papel en los que has anotado logros pasados. Escoge un pedazo de papel al azar cuando necesites motivación e inspiración.

Gratitud. Haz una lista de las cosas por las que estás agradecido en tu vida. Tu lista puede incluir cosas muy importantes (como buena salud, un buen trabajo o una familia amorosa) o cosas mucho más pequeñas (pasar el tiempo al sol, pasear en la naturaleza, disfrutar de tu mascota, escuchar música). Es fácil concentrarse en todas las cosas que no tenemos en nuestra vida y olvidar las cosas que ya tenemos pero que damos por sentado. La investigación en psicología es clara sobre la importancia de "contar nuestras bendiciones" y reflexionar sobre lo que tenemos que apreciar en nuestra vida, y cómo esto contribuye a la felicidad y la salud mental. Una de las mejores maneras de hacer esto es crear una "Lista de gratitud" para reflexionar, especialmente cuando nos sentimos tristes y necesitamos recordarnos que hay muchas cosas buenas en nuestra vida.

Cosas por hacer. Escribe una lista corta de las cosas que necesitas hacer. Ésta es una de las formas más comunes y prácticas en que las personas usan las listas, y puede ser una forma efectiva de mantenerte enfocado y responsable. Recomiendo crear una lista diaria de "cosas por hacer" cada noche. Esto ayuda a liberar tu mente antes de dormir y te permite comenzar el nuevo día con un plan claro. ¡Y simplemente se siente bien revisar tu lista y marcar las cosas! Comienza con las cosas más importantes y urgentes; luego puedes agregar cosas que se pueden posponer si no las realizas. Anotar de tres a cinco cosas principales que debes hacer durante el día es una forma simple pero inteligente de asegurarte de no olvidar nada importante.

Valores. Escribe tus valores fundamentales de la vida. Nuestros valores son lo que debe impulsar la mayoría de nuestros comportamientos a un nivel fundamental, pero a veces perdemos el rastro de estas prioridades y terminamos enfocándonos en cosas que realmente no importan tanto. Éste es un buen ejercicio para ayudarte a identificar lo que realmente le da sentido y propósito a tu vida. Los valores fundamentales pueden incluir familia, salud, religión, seguridad, educación, dinero, diversión / placer. Haz una lista de tus propios valores principales y luego ve si puedes clasificarlos de más importantes a menos importantes. Esto te puede dar una idea más clara sobre en qué debes centrarte más a largo plazo.

MÚSICA

Escuchar música es una de las formas más comunes que tenemos para cambiar nuestro estado de ánimo y regular nuestras emociones. Cuando nos sentimos cansados después de un largo día en el trabajo, a muchos de nosotros nos gusta despejarnos relajándonos, cerrando los ojos y encendiendo nuestros iPods. O cuando nos sentimos deprimidos después de una acalorada discusión con un compañero, podemos usar canciones inspiradoras para distraernos de nuestra ira o tristeza. En este preciso momento escucho algo de música rock instrumental tranquila, porque me ayuda a mantenerme relajado y concentrado mientras escribo.

La música para reducir el estrés

En un estudio realizado en la Universidad de Gotemburgo en 2012 los participantes que escucharon música después de episodios estresantes en su vida diaria reportaron una disminución del estrés en comparación con aquellos que no escucharon música en situaciones similares. En otro estudio realizado por el mismo equipo de investigadores se descubrió que la música es una forma efectiva de reducir los niveles de cortisol, una hormona que se libera comúnmente cuando experimentamos estrés. Esto sugiere que escuchar música puede tener un efecto biológico real en nuestra salud mental.

Un creciente cuerpo de investigación muestra los beneficios de la música para reducir los niveles de estrés y ansiedad. La próxima vez que te sientas estresado o abrumado intenta recostarte y escuchar tu música favorita. Ésta puede ser una buena forma de relajarte y rejuvenecer antes de volver a tu día.

La música y las emociones

La música puede servir para muchos propósitos cuando se trata de regular nuestras emociones y nuestro estado mental. Según los investigadores de psicología, éstas son las principales formas en que usamos la música para controlar nuestra salud mental y las emociones:

- **Entretenimiento:** para mantener un estado de ánimo positivo o para evocar placer y emociones positivas (alegría, asombro, humor).
- **Reanimar:** para relajarnos y revitalizarnos cuando nos sentimos cansados o estresados.
- **Distracción:** para distraernos de pensamientos negativos o indeseables.
- **Descargar:** para ayudarnos a aceptar y liberar emociones como la ira o la tristeza.
- **Fuerte sensación:** para estimular los sentidos de nuevas maneras y abrir la mente a nuevas experiencias.
- **Trabajo mental:** para ayudarnos a mantenernos enfocados en completar una tarea en particular, como escribir, programar u otro trabajo mental.
- **Consuelo:** experimentar la comodidad después de un evento trágico o desafortunado.

Naturalmente, el tipo de música que elijas dependerá de tus preferencias musicales personales y de lo que desees que la música haga por ti en un momento determinado. Un estudio publicado en *Environment and Behavior* en 2004 mostró que las personas que escuchaban música "edificante" mientras hacían ejercicio en el gimnasio (los investigadores utilizaron éxitos de artistas como Madonna, Cher, The Corrs y Blink-182) eran más propensas a exigirse más en comparación con aquellas que escuchan música disonante (compositores de vanguardia como Denis Smalley, James Dashow y Stephen Kaske).

Estos hallazgos tienen sentido intuitivo y suenan verdaderos para mí. Aunque me gusta algo de música experimental y disonante, lo que me funciona mejor mientras me ejercito es una música más optimista, rítmica e inspiradora (para mí). Esto no significa que algunos tipos de música sean mejores que otros, sólo que diferentes tipos son mejores para diferentes propósitos. Si quieres relajarte, tal vez escucharás una composición clásica calmante. Si quieres animarte antes de una competencia deportiva, el techno rápido o el hip-hop pueden ser mejores. Y si deseas ventilar la ira, el rock pesado o el metal podrían funcionar para ti.

Escucha diaria

Aquí hay algunas formas en que podemos usar la música para mejorar nuestra psicología y bienestar (junto con algunas recomendaciones personales):

- Una canción motivadora o inspiradora en la mañana para ayudar a que empieces el día (por ejemplo, Gorillaz, "Feel Good Inc.").

- Una canción relajante o calmada después de la escuela o el trabajo para ayudar a aliviar el estrés (por ejemplo, Explosions in the Sky, "First Breath After Coma").
- Una canción rápida o enérgica que te motive a esforzarte más mientras haces ejercicio en el gimnasio (por ejemplo, Led Zeppelin, "Immigrant Song").
- Música instrumental o clásica mientras haces la tarea o trabajas en una asignación que requiere pensar y resolver problemas (por ejemplo, Antonin Dvorak, "New World Symphony").
- Una canción que te hace reír para ayudar a cambiar el mal humor (por ejemplo, "Weird Al" Yankovic, "Amish Paradise").
- Una canción romántica o sexy para ayudar a establecer el ambiente con un ser querido (por ejemplo, Marvin Gaye, "Let's Get It On").
- Música ambiental o minimalista para ponerte en un estado mental meditativo y reflexivo (por ejemplo, Steve Reich, "Music for 18 Musicians").
- Música experimental o de vanguardia para abrir tu mente y estimular tus sentidos de nuevas maneras (por ejemplo, Miles Davis, "Pharaoh's Dance").

Es posible que algunas de mis recomendaciones no sean de tu agrado, pero deberían darte una idea de cómo los diferentes tipos de música pueden servir para distintas funciones. Construye tus propias listas de reproducción de música para diferentes actividades. Podrías tener una lista de reproducción de "Motivación" para el gimnasio, una de "Enfoque" para el trabajo y una de "Relajación" para escuchar de noche, por ejemplo. Integrar más música en tu rutina diaria puede mejorar casi cualquier parte de tu vida.

MODELOS A SEGUIR

Ya sea que nos demos cuenta o no, todos tenemos modelos a seguir que influyen en quiénes somos y a quién admiramos. Como especie social, estamos programados para aprender observando a los demás, viendo cómo actúan y luego imitando lo que hacen. Ésta es una gran parte de cómo aprendemos de niños, pero como adultos a menudo olvidamos el poder de tener modelos a seguir y de seguir aprendiendo de ellos.

Un modelo a seguir puede ser cualquier persona a quien admires de alguna manera: padre, maestro, amigo, científico, atleta, actor / actriz, líder religioso, filósofo, celebridad o incluso un personaje ficticio de una película, libro o programa de televisión. Si le preguntas a gente exitosa, es probable que puedan nombrar modelos a seguir que ayudaron a moldear quiénes son y que los inspiraron a ser mejores personas. Tal vez un jugador de beisbol profesional admiraba a un jugador favorito cuando era niño, un empresario admiraba a los inventores y pensadores visionarios, o un gran padre fue inspirado por su propio padre.

Encontrar los modelos de conducta correctos en tu vida puede ser una fuente increíble de positividad, inspiración y motivación. No se trata sólo de admirar a las personas, sino de usarlas para impulsar tu crecimiento y transformación personal. Los modelos a seguir pueden ser un recurso para ayudar a mejorar cualquier rasgo de personalidad (humor, inteligencia, amabilidad) o habilidad (buen conversador, habilidad musical, habilidad atlética, etcétera).

En mi experiencia, elegir modelos a seguir es uno de los ejercicios más importantes para la superación personal. Tengo un documento de "Modelos de seguir" en mi computadora que he estado revisando y actualizando durante más de cinco años. Es una maravillosa fuente de inspiración.

Aquí hay una pequeña muestra de mi lista de "Modelos a seguir":

- **Confianza:** George Clooney, Joe Rogan, Johnny Depp, James Bond, Gene Simmons, Denzel Washington, Kanye West.
- **Inteligencia:** Carl Sagan, Steven Pinker, Charles Darwin, Albert Einstein, Neil deGrasse Tyson, Raymond Kurzweil, Daniel Dennett, Marvin Minsky, Douglas Hofstadter.
- **Humor:** Robin Williams, Dave Chappelle, Doug Stanhope, Norm MacDonald, Zach Galifianakis, Stephen Colbert, George Carlin, Bill Hicks, Aziz Ansari.
- **Creatividad:** David Lynch, Frank Zappa, Charlie Kaufman, Quentin Tarantino, Alex Grey, Salvador Dalí, los hermanos Coen, Pixar, Steven Spielberg, Tim Burton.
- **Amabilidad:** Buda, Dalai Lama, Madre Teresa, Gandhi, Martin Luther King Jr., Carl Rogers.
- **Ética laboral:** Steve Jobs, Gary Vaynerchuk, Mike Patton, Henry Rollins, Lee Kuan Yew, David Wright.

Por supuesto, esta lista es personal. Tu lista debe incluir modelos a seguir que sean significativos para ti. Puedes desglosar tu lista de una manera que se adapte a tus propios valores y objetivos. Si deseas centrarte en "Salud", por ejemplo, enumera las personas que encarnan la salud y la forma física. Incluye modelos a seguir que sean miembros de la familia, amigos u otros conocidos del mundo real. Los omití en mi muestra porque sus nombres no significarían nada para ti.

Aprender de otros individuos no se trata de intentar copiar o imitar cada movimiento. Al final, tienes que ser tú mismo. Pero eso no significa que no puedas aprender una cosa o dos de alguien más en el camino. Y tener gente que admiras no significa que adoras todo sobre ellos. Las personas suelen ser una mezcla de características positivas y negativas. Al elegir un modelo a seguir, te estás enfocando en lo que te gusta de esa persona. Si quieres aprender a ser boxeador, mira los videos de Mike Tyson, pero eso no significa que tengas que seguir sus consejos sobre relaciones.

Saca el mayor provecho de tus modelos a seguir

Los modelos a seguir pueden ser una gran parte de cualquier esfuerzo de superación personal. Tómate el tiempo para encontrar personas que realmente te inspiren a seguir adelante con tus objetivos, sean cuales sean. A menudo, los mejores modelos a seguir son aquellos cuyos objetivos son similares a los nuestros. Asegúrate de prestar atención a sus luchas y fracasos, ya que eso te puede dar una visión más práctica de lo que se necesita para tener éxito y enseñarte que tus modelos a seguir no siempre lo tuvieron fácil.

Haz una lista de modelos a seguir. Identifica un rasgo o habilidad en el que quieras trabajar, luego trata de enumerar al menos tres modelos a seguir que incorporen ese rasgo o habilidad para ti. Está bien identificar múltiples rasgos o habilidades y enumerar modelos a seguir para cada uno de ellos (como lo hice anteriormente). Luego guarda tu lista en tu carpeta de Superación personal. Éste puede ser un excelente recurso para regresar y continuar construyendo.

Investiga sobre tus modelos a seguir. Aprende lo más posible acerca de tus modelos a seguir para saber qué los motiva y por qué tienen éxito. Busca citas, artículos, imágenes o videos. Me encanta ver entrevistas con personas exitosas, porque lo considero como una oportunidad increíble para aprender algo nuevo que puedo aplicar a mi vida. Puedes guardar estos recursos con tu "Lista de modelos a seguir" para que siempre tengas una forma de encontrar una cita especial, un artículo o un video que te inspire.

Imagina una situación desde su perspectiva. Una de las mejores maneras de aprender de tus modelos a seguir es preguntarte: "¿Qué haría _____ en esta situación?" Al observar una situación desde el punto de vista de otra persona, podemos comprender mejor las nuevas formas de pensar, sentir y comportarse. Simplemente identifica una situación en tu vida en la que desees mejorar, encuentra un modelo a seguir que tenga éxito en situaciones similares e intenta imaginar cómo actuarías si fueras esa persona. Al hacer esto, nos damos cuenta de las diferentes respuestas que podríamos elegir en una circunstancia determinada, a menudo diferente de la forma en que normalmente responderíamos.

Hazles preguntas. Si tienes la oportunidad, simplemente habla directamente con tus modelos a seguir y hazles preguntas. Ésta es una buena opción para las personas que conoces en la vida real (familia, amigos, compañeros de trabajo), pero también puedes llegar a personas exitosas que no conoces realmente. A menudo me sorprende el calibre de las personas que responden a mis preguntas (a través del correo electrónico o las redes sociales) si simplemente hago el esfuerzo de llegar a ellas. A la mayoría de los expertos le encanta mostrar su experiencia, por lo que hacerles preguntas e interesarse en su trabajo a menudo les agrada, y están más que felices de dar consejos. Entra en la cabeza de tus modelos a seguir para descubrir qué los motiva y por qué tienen éxito en lo que hacen.

Escribe un ensayo sobre tu modelo a seguir. Una vez que hayas investigado un modelo a seguir en particular, probablemente tengas suficiente información a tu disposición para escribir un breve ensayo sobre esa persona. Esto puede parecer una tarea, pero es una buena manera de consolidar lo que aprendiste y hacer que se quede en tu cerebro. Escribir un ensayo de 500 a 700 palabras puede ayudarte a identificar las lecciones clave que has aprendido de tu modelo a seguir. Intenta responder estas preguntas: ¿Qué es lo que más admiro de esta persona? ¿Qué luchas enfrentó mi modelo a seguir y cómo las superó? ¿Cómo puedo aplicar lo que he aprendido a mi propia vida?

TABLEROS DE VISUALIZACIÓN

Un tablero de visualización es una forma de dedicar espacio en tu hogar u oficina a fines motivacionales. Todo lo que tienes que hacer es conseguir un tablero de corcho o un cartel y llenarlo con imágenes, objetivos, afirmaciones y otras palabras positivas que encarnan tus valores y objetivos fundamentales en la vida.

El proceso de creación de un tablero de visualización es, en sí mismo, una actividad motivadora que puede darte una idea más clara de a dónde quieres ir en la vida y qué quieres lograr. Una vez que está terminado, tu tablero se convierte en un fantástico recordatorio diario de lo que te impulsa en la vida.

No es muy diferente de la forma en que un aspirante a atleta tiene pósteres de sus jugadores favoritos en las paredes de su habitación, o que un aspirante a cantante decora con fotografías y letras de sus bandas favoritas, o un posible cineasta publica citas y carteles de películas. Cuando creas un tablero de visualización y lo cuelgas, se convierte en un espacio simbólico para la positividad, la inspiración y la motivación.

Ejercicio
Crea tu propio tablero de visualización

PASO 1. Empieza por encontrar un corcho o una cartulina que puedas colocar en alguna pared de tu casa o de tu oficina. Puedes comprarlos en línea o en tu tienda local de artículos de oficina o de arte.

PASO 2. Reúne papel, tijeras, alfileres, marcadores, cinta adhesiva, pegamento o cualquier otra cosa que puedas necesitar para armar tu tablero de visualización.

PASO 3. Revisa tus afirmaciones y citas, la lista de modelos a seguir y las listas de motivación para encontrar ideas sobre los tipos de cosas que puedes incluir en tu tablero de visualización.

PASO 4. Busca en revistas, periódicos o en internet para encontrar imágenes o frases que te llamen la atención. Recorta los que desees integrar en tu tablero de visualización o imprime imágenes desde tu computadora.

PASO 5. Una vez que tengas todos los materiales y una buena idea de qué tipo de tablero de visualización deseas crear, programa un día para crear tu tablero. Añade música para enriquecer la experiencia o reúnete con un amigo para hacer tableros de visualización.

PASO 6. Considera agregar una sección de "Acciones diarias". Los tableros de visualización son agradables para ayudarte a pensar en el panorama general, pero no deben distraerte de tomar acciones diarias. Añade una lista de pequeñas acciones para ayudarte a pensar de forma práctica y productiva.

PASO 7. Experimenta. Sé creativo. Piensa en tu tablero de visualización como un proyecto de arte, y trata de hacerlo único de una manera que se adapte a tu personalidad. No hay una manera correcta o incorrecta de crear uno, todo depende de ti.

PASO 8. Mantenlo en evolución. Después de terminar tu tablero de visualización, puedes agregar o quitar cosas cuando quieras. Cuando descubras una imagen o un artículo inspirador, encuentra espacio para agregarlo a tu tablero.

PASO 9. Puedes elegir crear un nuevo tablero de visualización al principio de cada año, especialmente si algunas de tus metas y valores principales han cambiado. Nada está tallado en piedra; esto es sólo una herramienta para que tu mente piense en las direcciones correctas.

Los tableros de visualización proporcionan una oportunidad divertida para darte una inyección diaria de motivación e inspiración. Pueden ser increíblemente poderosos para algunas personas. Los he usado mucho cuando he querido hacer cambios drásticos en mi perspectiva.

RED SOCIAL

Las personas con las que nos rodeamos a diario tienen un gran impacto en la forma en que vivimos nuestra vida. Como dice el dicho: "Muéstrame tus cinco amigos más cercanos y te mostraré tu futuro".

La investigación en psicología apoya este axioma. De acuerdo con el libro *Connected: The Surprising Power of Our Social Networks and How They Shape Our Lives* de Nicholas Christakis y James Fowler, los estudios demuestran que si te juntas con personas con sobrepeso y poco saludables, es más probable que tengas sobrepeso y seas poco saludable, y si te juntas con personas que no hacen su tarea o no estudian para los exámenes, es probable que tengas calificaciones más bajas. Nos convertimos en un reflejo del tipo de personas con las que pasamos más tiempo. Esta influencia social afecta a todas las áreas de nuestra vida: en casa, en el trabajo, en la escuela, en una fiesta o en cualquier lugar.

Piensa en tus propios objetivos y valores personales. ¿Hay personas en tu vida que actualmente te impiden alcanzar tus metas? Sé honesto. En lugar de pasar mucho tiempo con personas que te hacen odiar la vida y renunciar a tus metas, pasa tiempo con personas que te hacen amar la vida y te motivan a mejorar.

Para mí, ésta es una de las características más importantes en una relación sana. También es esencial para lograr el éxito. Si tienes a las personas adecuadas en tu vida, será fácil encontrar esa imagen extra de motivación y apoyo cuando realmente la necesites.

Es posible que nos guste creer que podemos cambiar por nosotros mismos, sin la ayuda de nadie, pero esto en realidad limita nuestra capacidad de crecer y mejorar. Es crucial que tengamos familiares o amigos que nos apoyen para ayudar a sacar las mejores versiones de nosotros mismos. Además de tener una influencia inconsciente sobre nosotros, pueden hacernos responsables de nuestras acciones y darnos orientación y motivación durante los momentos difíciles de nuestro desarrollo.

Construye una red social poderosa

No subestimes la importancia de encontrar a las personas adecuadas para motivarte, inspirarte y responsabilizarte de tus objetivos y ambiciones. Están ahí fuera, esperando para ayudarte.

Encuentra gente que sea mejor que tú. Una de las cosas más útiles que puedes hacer es encontrar a alguien que ya haya tenido éxito en lo que estás tratando de lograr. No tienes que considerarlo mejor que tú como persona, sólo en esta área en particular. Trata de rodearte de personas que sean más inteligentes y más exitosas que tú de diferentes maneras. Estar cerca de ellas te ayudará a sacar lo mejor de ti. No importa dónde estés en la vida, siempre hay otros de los que puedes aprender. Disponte a encontrar y construir relaciones con esas personas. Quizá ya puedas identificar algunas de ellas en tu lista de modelos a seguir. Pasa tiempo con ellas y sus buenos hábitos comenzarán a afectarte.

Encuentra personas que tengan objetivos similares. Es importante que tu red social incluya a alguien que comparta objetivos similares contigo. Si tú y un amigo quieren perder peso, leer más libros o iniciar un negocio, pueden responsabilizarse mutuamente y motivarse mutuamente. Incluso podrían hacer un pacto de que irán juntos al gimnasio en ciertos días, o leerán el mismo libro cada semana y lo comentarán, o se harán un reporte mensual sobre las ganancias de su negocio y compartirán consejos. Un simple pacto con un amigo puede ser muy motivador: no quieres decepcionar a tus amigos, por lo que no sólo estás haciendo algo por ti mismo, sino también por alguien que te cae bien. Eso puede proporcionar un poderoso incentivo adicional para mantener tus metas.

Encuentra foros y blogs en línea. No siempre es fácil encontrar personas que compartan nuestras metas y ambiciones. Afortunadamente, ahora tenemos el internet disponible para ayudarnos a conectarnos con personas a las que nunca hubiéramos tenido acceso en el pasado. De hecho, hay un foro o blog dedicado a prácticamente cualquier tipo de pasión, afición o interés que puedas tener. Estas comunidades en línea a menudo están llenas de personas útiles que responden a tus preguntas y comparten consejos únicos. Reddit es un lugar que utilizo frecuentemente para conectarme con personas. Tienen comunidades enteras dedicadas a la salud, las citas, las relaciones, la meditación, la productividad, el espíritu empresarial y cualquier otra cosa relacionada con la superación personal que te puedas imaginar. Puede que tengas que hacer una búsqueda antes de encontrar una comunidad en línea que se ajuste a tus necesidades, pero definitivamente hay una por ahí. Las comunidades en línea pueden ser suplementos o sustitutos valiosos si no tienes muchas relaciones de apoyo en el mundo real.

Crea un *feed* positivo en redes sociales. Otra forma de usar internet es crear una cuenta de redes sociales completamente dedicada a la positividad, la motivación y la superación personal. Esto se puede hacer en plataformas como Twitter, Facebook, Tumblr o Instagram. Si bien puede haber mucha negatividad en las redes sociales (discutiendo sobre política, religión, noticias o lo que sea), también puede haber mucha positividad. Llena tu *feed* de redes sociales con personas positivas y evita / bloquea personas negativas. Éste es al menos un rincón de nuestra vida donde tenemos control directo sobre con quién interactuamos. No necesitas hacer esto con tus cuentas personales, pero al menos una cuenta de redes sociales dedicada específicamente a la superación personal puede ser una gran idea. Encuentra personas que compartan artículos positivos, consejos, citas, imágenes y demás para que tengas una fuente constante de inspiración nueva. También hay muchas personas famosas y exitosas en las redes sociales que pueden ser inspiradoras e informativas.

No tengas miedo de pedir ayuda. A menudo pensamos que pedir ayuda es un signo de debilidad, o algo de lo que avergonzarse, pero la verdad es que pedir ayuda cuando realmente la necesitamos puede ser una gran fortaleza. No hay necesidad de reinventar la rueda por tu cuenta. Las personas más exitosas se paran sobre los hombros de gigantes y aprenden de otros para construir la mejor versión de sí mismos. ¿Por qué tratar de resolver todo por tu cuenta cuando hay personas que pueden guiarte en la dirección correcta para que puedas llegar a donde quieras ir más rápido? Cuando te encuentres con gente inteligente y exitosa, no dudes en utilizar su cerebro y ver si tienen algún buen consejo para ti. Cuanto más dispuesto estés a pedir ayuda, más aprenderás de los demás y más crecerás como persona. No hay nada de malo en admitir que no eres perfecto y no sabes todo. Eso no es una debilidad, es una fortaleza.

Únete a clubes y reuniones. Otra forma de llegar a nuevas personas en tu comunidad y construir tu red social es buscar clubes locales, reuniones u organizaciones a las que puedas unirte. Por ejemplo, si quieres estar más saludable, piensa en unirte a una liga de basquetbol, a una clase de yoga o a un club de escalada en roca. O si deseas trabajar en tu negocio, busca un grupo local de expertos, o toma una clase de negocios en una universidad cercana. Puede ser difícil encontrar algunos de éstos, según el lugar donde vivas, pero mantén los ojos y oídos abiertos y haz algunas investigaciones. Recuerda, si haces un buen amigo, eso puede llevar a que te presenten a todos sus amigos también. Sólo se necesita una nueva conexión para abrir una nueva red social de amigos.

Encuentra a una persona que te haga responsable. A veces podemos ser nuestros peores enemigos, especialmente cuando llenamos nuestra cabeza con mentiras, excusas, pesimismo y negatividad. Este tipo de pensamiento puede mantenernos atrapados en un ciclo negativo, por lo que es crucial que tengamos amigos que puedan decirnos nuestras mentiras y excusas. Tal persona es un amigo raro pero valioso. Para ser educados, la mayoría de las personas no desafía a sus amigos de esta manera. Y mientras nadie quiere estar cerca de alguien que critica constantemente y juzga, una gran parte de la superación personal es tener al menos un amigo que esté dispuesto a ser cien por ciento honesto contigo y decirlo así, especialmente cuando le pides retroalimentación. A menudo, un amigo cercano puede entendernos mejor de lo que nos entendemos a nosotros mismos, y cuando las personas nos miran desde una perspectiva externa, pueden tener ideas que no podemos captar por nosotros mismos. Es difícil de hacer, pero es bueno estar dispuesto a escuchar críticas y comentarios constructivos. Presta especial atención a las cosas que tomas personalmente, ya que pueden ser las más reveladoras sobre lo que necesitas trabajar, pero puedes estar evitando.

Pequeños pasos: Relaciones

- Di "Hola" a los demás cuando se crucen.
- Di "por favor" y "gracias" (incluso para cosas pequeñas).
- Sé un buen oyente, da a las personas tiempo para hablar sin interrupción.
- Haz contacto visual al hablar con los demás.
- Sonríe con más frecuencia.
- Haz al menos un cumplido a alguien cada día.
- Trata a todos con respeto, independientemente de su estatus social.
- Asegúrate de que las personas menos extrovertidas se sientan incluidas y escuchadas.
- Sé consciente de tu tono de voz.
- No hables demasiado alto en lugares públicos.
- Guarda tu teléfono cuando hables con alguien más.
- Sé puntual, no dejes a otros esperándote.
- Trata a los servidores profesionales con respeto.
- No hables a espaldas de la gente.
- Evita meterte en los errores de otras personas.
- Minimiza la discusión sobre temas acalorados.
- Si alguien se avergüenza durante una conversación, intenta cambiar el tema.
- Discúlpate y admite cuando te equivocas.

- Mantente en contacto con viejos amigos y familiares, aunque sólo sea con un mensaje de texto.
- Sé honesto acerca de tus pensamientos y sentimientos sin ser agresivo.
- Aprende a dejar que otros tengan la última palabra.
- Respeta a tus mayores; escúchalos y aprende de sus historias.
- Escribe una carta personal para mostrar a alguien que te importa.
- Presenta a las personas entre sí.
- Si tienes críticas sobre alguien, exprésalas en privado.
- Trata de ver las cosas desde la perspectiva de la otra persona antes de emitir un juicio.
- No hagas bromas a expensas de otra persona.
- Da firmes apretones de manos al conocer gente nueva.
- Perdona y suelta cuando otros te lastimen o te decepcionen.
- Dales espacio a las personas cuando lo necesiten.
- Sé abierto a comentarios de otros sin tomarlo personalmente.
- Reflexiona sobre las experiencias positivas que has tenido con los demás.

IMAGINACIÓN Y ENSAYO MENTAL

En última instancia, todo cambio personal se trata de verte a ti mismo de nuevas maneras. Es por esto que tu imaginación puede ser una herramienta poderosa para cambiar tus pensamientos, sentimientos y comportamientos.

La investigación en neurociencia ha revelado que cuando nos imaginamos a nosotros mismos haciendo una cosa en particular, se activan muchas de las mismas regiones en el cerebro que cuando hacemos físicamente lo mismo. Ésta es una fuerte evidencia de que el "ensayo mental" puede ser una manera útil de condicionarnos hacia conductas nuevas y más deseables.

Básicamente, cuanto más nos visualizamos haciendo una actividad, más fuertes son las conexiones neuronales asociadas con ese hábito. Cuanto más se producen estos disparos neurales, más probable es que *experimenten una potenciación a largo plazo*, un proceso celular que subyace a todo aprendizaje y memoria. Después de que las asociaciones neuronales se construyen con éxito, se convierten en una reacción natural en el cerebro. Luego, cuando se nos presenta una situación similar a la que hemos imaginado, es más probable que utilicemos los hábitos que nos entrenamos para hacer durante nuestro ensayo mental.

Esto no significa que podamos aprender nuevos hábitos simplemente imaginándonos haciéndolos. La práctica del mundo real sigue siendo importante. Pero el ensayo mental puede ser una forma valiosa de desarrollar hábitos más rápido y fortalecerlos.

Muchos atletas, actores, músicos y otros artistas utilizan la visualización como un tipo de ensayo mental. Se imaginan a sí mismos actuando una situación paso a paso, y eso los prepara para cuando finalmente sea el momento de salir al campo o subir al escenario. Un golfista profesional visualizará un putt varias veces antes de disparar, o un actor profesional ensayará sus líneas dentro de su cabeza antes de que llegue al escenario. Una concertista profesional se imaginará a sí misma tocando una pieza antes de una gran actuación.

Practicar el ensayo mental

De todas las herramientas mencionadas en este capítulo, el ensayo mental puede ser uno de los más difíciles de dominar, pero si lo practicas con la frecuencia suficiente, puede ser una de las herramientas más poderosas a tu disposición. Una vez que llegas a ese punto, se vuelve fácil verte a ti mismo pensando, sintiendo y actuando de nuevas maneras.

Elige un hábito que quieras cambiar. Primero identifica un hábito específico que estás tratando de cambiar. Digamos que quieres dejar de beber cuando vas a fiestas, pero cada vez que terminas en una fiesta parece que no puedes controlarte. O quieres ir al gimnasio con más frecuencia, pero cuando te levantas por la mañana parece que simplemente no puedes ir. Encuentra situaciones que parezcan demasiado difíciles de cambiar cuando estás en el momento y ensaya mentalmente los nuevos hábitos que deseas adoptar, antes de encontrarte nuevamente en esas situaciones.

Encuentra un lugar tranquilo y cierra los ojos. Antes del ensayo mental, busca un lugar tranquilo donde puedas cerrar los ojos y concentrarte realmente en tu imaginación. Trata de limitar las distracciones externas para que puedas participar plenamente en la experiencia. Ponte los auriculares y escucha música relajante, si eso te ayuda. Respira hondo varias veces para calmarte antes de comenzar tu ensayo mental.

Imagina situaciones de la vida cotidiana. Cuando comiences tu ensayo mental, trata de imaginarte en un lugar de tu vida cotidiana.

Pinta una imagen en tu cabeza y mira a tu alrededor. Imagínate a ti mismo en tu hogar u oficina, o donde sea. Señala algunas cosas cotidianas: "Ahí está mi cama", "Ahí está mi escritorio", "Ahí está mi planta", y así sucesivamente. Esto ayudará a que la visualización sea más real para ti, lo que preparará tu mente para reconocer la situación en el mundo real.

Visualiza cada paso del proceso. El aspecto más importante del ensayo mental es visualizar todo el proceso, paso a paso. Si estás tratando de desarrollar el hábito de ir al gimnasio por la mañana, comienza tu visualización desde el momento en que te levantas de la cama. Visualízate en cada paso de tu mañana: bañándote, vistiéndote, desayunando, subiéndote al coche, yendo al gimnasio, entrando al gimnasio, corriendo en la caminadora, levantando pesas y, finalmente, saliendo del gimnasio. Cuanto más detallado sea tu ensayo mental, más fácil te será seguir estos mismos pasos en la vida real. Todo el proceso de ensayo mental no debería tomar más de 5 o 10 minutos, pero para lograr el máximo efecto, es importante que te imagines actuando cada paso del hábito que deseas construir.

Evoca múltiples sentidos. Cuando las personas piensan en el ensayo mental, generalmente piensan en la vista y la visualización, pero también es útil evocar tus otros sentidos: sonido, tacto, olfato y gusto. Imagina lo que estos sentidos pueden estar experimentando en la situación que estás visualizando. Por ejemplo, pregúntate: "¿Qué tipo de sonidos escucho generalmente en el gimnasio?" O "¿Cómo se siente mi cuerpo corriendo en la caminadora o levantando pesas?" O incluso "¿Cómo huele el gimnasio generalmente?" No necesitas detenerte en los detalles, pero evocar múltiples sentidos ayudará a que tu ensayo sea más realista y ayudará a arraigar el hábito en tu mente.

Termina con una nota positiva. Independientemente del hábito que intentes desarrollar, trata de encontrar una manera de finalizar tu ensayo con una nota positiva. Por ejemplo, imagínate saliendo del gimnasio con una postura erguida, sintiéndote seguro de ti mismo. Es útil imaginar algún tipo de recompensa inmediata, incluso si sólo es sentirte bien contigo mismo. Disfruta de esos sentimientos positivos por un momento, y lleva contigo esa energía e inspiración positivas una vez que abras los ojos.

¡Juega a fingir, diviértete! Recuerda, el objetivo principal de este ejercicio es usar tu imaginación para ayudar a cambiar tus pensamientos, sentimientos y comportamientos. No hay limitaciones sobre cómo puedes usar tu imaginación, así que juega a fingir y experimenta. Haz lo que te haga sentir más positivo, motivado y energizado. Intenta exagerar tus acciones, divertirte o hacerte el tonto. Imagínate como un superhéroe. Imagina energía positiva rodeándote. Imagínate siendo súper fuerte. Cuanto más te diviertas con tu ensayo mental, es más probable que se quede contigo y tenga un impacto real en tu mente. Usada de la manera correcta, la imaginación puede ser una de las formas más poderosas de cambiar nuestra mente.

La práctica y la paciencia son importantes. Cuando intentas el ensayo mental por primera vez, puede parecer un poco extraño, incómodo o poco natural. La mayoría de la gente no está acostumbrada a usar su imaginación de esta manera. Y cuando intentas visualizar algo por primera vez, es probable que sea un poco borroso. Si al principio tienes problemas para visualizar, simplemente simula que sabes cómo hacerlo. Haz tu mejor esfuerzo y pasa por el proceso. Puede tomar varias sesiones antes de que tu imaginación comience a mejorar, no es diferente de un músculo que necesita ejercitarse para fortalecerse. Es probable que debas repetir el proceso varias veces antes de notar un cambio significativo en tus pensamientos, sentimientos y conductas.

7

Estrés, relajación y descansos saludables

El estrés es una parte normal de nuestra existencia. Se define mejor como una respuesta física y mental a cualquier tipo de amenaza o demanda en nuestro entorno. Todos experimentamos algo de estrés cuando nos retan los obstáculos interminables que enfrentamos en nuestra vida, ya sea en el trabajo, en la escuela, en el hogar o en cualquier lugar.

La verdad es que la vida no es del todo fácil para nadie, y no podemos esperar estar relajados y cómodos todo el tiempo. Todos tenemos cosas con las que preferiríamos no tener que lidiar o sobre las que no tenemos mucho control, y de ahí proviene gran parte de nuestro estrés.

El biólogo Robert Sapolsky es uno de los principales investigadores del estrés. Él dice que el estrés es una respuesta natural y adaptativa de nuestro sistema nervioso, alimentado por dos hormonas: la epinefrina (adrenalina) y la nor-epinefrina, diseñadas evolutivamente para ser liberadas en el cuerpo cuando percibimos un peligro o amenaza potencial en nuestro medio ambiente. La liberación de estas hormonas crea una respuesta biológica conocida como respuesta de "lucha o huida o congelación".

Dicho estado elevado de excitación nos hace súper energizados y enfocados.

Si un animal se siente amenazado por un depredador, se involucrará en una de las tres respuestas principales:

- **Lucha:** Atacar al depredador.
- **Huida:** Huir del depredador.
- **Congelación:** Dejar de moverse o fingir estar muerto.

Hoy todavía respondemos al estrés de manera similar. Sin embargo, ahora la amenaza no suele ser un depredador, sino una fecha límite para reunirse en el trabajo, una pelea con un amigo o una clase en la que no nos está yendo bien.

El estrés en nuestra vida puede ser bueno, pero si llega a ser excesivo, puede tener efectos negativos tanto en la salud física como en la mental. Los altos niveles de estrés están asociados con la pérdida de concentración, la disminución de las capacidades cognitivas y la dificultad para aprender cosas nuevas, así como con poca energía y fatiga, una mayor susceptibilidad a complicaciones y enfermedades (incluidos los problemas cardiacos y el cáncer), e incluso una vida más corta.

Aprender a manejar el estrés en tu vida es esencial para maximizar tu felicidad, salud y bienestar. Este capítulo trata sobre lo que podemos hacer para manejar el estrés de manera más efectiva, sin importar cuál sea la fuente.

REPLANTEAR LA RESPUESTA DE LUCHA O HUIDA O CONGELACIÓN

El primer paso para volverte más inteligente respecto a tu estrés es replantear la respuesta de "lucha o huida o congelación" como algo positivo. Esto requiere que: *a)* reconozcamos cuándo el estrés es en realidad una señal que podemos usar para guiar nuestra vida y *b)* aprendamos cómo responder adecuadamente al estrés en ciertas situaciones.

En las dosis adecuadas, el estrés puede ser útil. Hemos evolucionado para tener la respuesta de "lucha o huida o congelación" por razones prácticas, y de muchas maneras esas razones aún se aplican, sólo en una forma diferente. Si bien el estrés de hoy no suele ser causado por desafíos que amenazan la vida directamente, a menudo dirige nuestro enfoque hacia los problemas que necesitan atención. Aquí está cómo replantear tus respuestas de estrés para abordar estos problemas:

Replantear la "lucha". El estrés puede motivarte a centrarte en tus problemas y tomar medidas activas para enfrentarlos y solucionarlos. Por ejemplo, sentirte estresado por un examen puede motivarte a estudiar más para asegurarte de que te vaya bien.

Replantear la "huida". El estrés puede ayudarte a identificar problemas que puedes querer reducir o eliminar de tu vida. Por ejemplo, si una determinada persona en el trabajo te estresa, puedes tratar de minimizar el tiempo que pasas hablando con esa persona.

Replantear la "congelación". El estrés puede hacer que retrocedas un paso y vuelvas a evaluar una situación antes de regresar a ella.

Si te sientes estresado por tu trabajo, por ejemplo, es posible que desees reflexionar sobre lo que realmente significa ese trabajo para ti y si vale la pena quedarse.

Síndrome de adaptación general

El estrés puede ser causado por cualquier estímulo, real o imaginado, que percibamos como una amenaza. Según el biólogo pionero Hans Selye, esto desencadena una respuesta física en nuestro cuerpo conocida como "síndrome de adaptación general", que incluye tres etapas principales:

- **Alarma:** nuestro cuerpo entra en un estado elevado de excitación en el que nos volvemos súper alertas y enfocados.
- **Resistencia:** buscamos formas de responder y combatir el estímulo estresante hasta que ya no nos moleste.
- **Agotamiento:** nuestro cuerpo se cansa y necesita tomar un descanso para relajarse y revitalizarse.

La etapa de "alarma" nos hace conscientes del estrés, la etapa de "resistencia" nos motiva a tomar medidas, y la etapa de "agotamiento" es lo que experimentamos después de consumir nuestros recursos físicos y mentales. Aquí hay un diagrama que ilustra nuestra capacidad para enfrentar el estrés durante estas tres etapas:

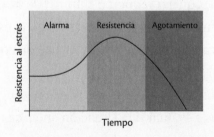

Como puedes ver, en la etapa de agotamiento nuestra capacidad para manejar el estrés disminuye dramáticamente. Y la exposición prolongada a esta etapa de agotamiento puede cansarnos y debilitar nuestro sistema inmunológico, así que nos enfermamos y deprimimos fácilmente. Cuando entramos en esta etapa, debemos encontrar formas de dar un paso atrás, relajarnos y rejuvenecer nuestro cuerpo y mente antes de regresar a una actividad estresante.

EN DEFENSA DE TU ZONA DE CONFORT

En los libros de superación personal verás muchos consejos sobre "salir de tu zona de confort". En general, se considera que tu zona de confort es segura. Es cuando eliges comodidad, familiaridad y seguridad en lugar de novedad, toma de riesgos y desafíos.

En muchos sentidos, es bueno salir de tu zona de confort y desafiarte a ti mismo. No podemos crecer o evolucionar sin hacer esto. Pero tu zona de confort también puede obtener una mala reputación innecesaria.

No es algo que deba evitarse por completo. De hecho, tu zona de confort desempeña un papel integral en tu mejora personal, ya que te brinda la oportunidad de relajarte y recargar energía.

Salir de tu zona de confort conlleva costos: puede ser estresante y exigirte una gran cantidad de energía física y mental. Salir constantemente de tu zona de confort puede provocar frustración y fatiga. A veces, debes darte permiso para tomártelo con calma y "relajarte". No necesitas forzarte cada segundo del día. Aquí es donde tu zona de confort se convierte en una herramienta valiosa para la superación y el crecimiento personal.

Presta atención a tu umbral de sensibilidad

Salir de tu zona de confort puede ser estresante y desafiante. No es fácil, se necesita trabajo.

Cuando me expongo a puntos de vista con los que no estoy de acuerdo o no trato de hacer cosas que nunca había hecho antes, me quita mucha energía, especialmente si esas experiencias no coinciden con mi personalidad habitual. Soy introvertido y reservado. No me gustan los antros donde hay mucha gente o ruido ni las fiestas donde se baila. No me importa ir de vez en cuando, pero me quita energía porque no está en mi zona de confort habitual. Todos se involucran en algunas actividades que encajan dentro de su zona de confort y otras que no. Éstas pueden ser influenciadas tanto por nuestras personalidades individuales como por nuestras experiencias pasadas.

La clave para administrar tu zona de confort es identificar cuándo has alcanzado tu umbral de sensibilidad. Tu umbral de sensibilidad es la cantidad de incomodidad que puedes manejar antes de que una experiencia se vuelva tóxica y perjudicial. Experimentar el malestar en dosis moderadas puede ser saludable y gratificante, pero una vez que hayamos superado nuestro umbral de sensibilidad, es hora de retirarnos a nuestra zona de confort y recargarnos.

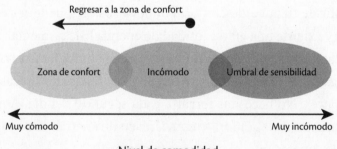

La superación personal requiere un delicado equilibrio entre salir de tu zona de confort y reconocer cuándo es el momento de volver a ella. Éste es un principio importante para manejar los niveles de estrés en tu vida.

Así como la zona de confort de cada persona es diferente, también lo es el umbral de sensibilidad de todos. Algunas personas pueden experimentar una gran incomodidad antes de que sea demasiado, mientras que otras sólo pueden soportar una pequeña cantidad. Identificar tu propio umbral de sensibilidad es crucial para controlar el estrés y la ansiedad en tu vida. ¿Cuáles son las situaciones en las que normalmente te vuelves más estresado?

¿Cómo luce tu zona de confort?

¿Sabes cómo es tu zona de confort? ¿Qué actividades o situaciones te permiten retroceder, relajarte y recargar tus baterías? Quieres tener una imagen clara de tu zona de confort para que sepas qué opciones tienes cuando te sientes abrumado por la vida.

Tal vez tu zona de confort implique rodearse de familiares y amigos. O tal vez se trata de pasar tiempo solo, leer un libro, jugar videojuegos o salir a caminar. Recomiendo hacer una lista de aproximadamente 10 "Actividades de relajación" para guardarlas en tu carpeta de Superación personal. Esto puede ser un buen recordatorio de tus opciones cuando llegue el momento de regresar a tu zona de confort.

Aquí hay algunas ideas de mi propia lista de "Actividades de relajación":

- Salir a caminar.
- Hablar con un amigo cercano o familiar (escribe nombres específicos en tu lista).
- Escribir música.
- Escuchar música.
- Leer un libro.
- Jugar un videojuego.
- Ver una película o programa de televisión.
- Meditar.
- Escribir poesía.
- Jugar con mi perro.

Lo que pongas en tu lista dependerá de ti y de tu personalidad. Concéntrate en actividades pequeñas que pueden funcionar como descansos de 15 a 45 minutos, especialmente las cosas que puedes integrar fácilmente en tu horario diario.

Es bueno hacer una lista como ésta para tener múltiples opciones cuando necesites retroceder y relajarte. Es probable que tengas ganas de diferentes tipos de descansos en diferentes momentos, por lo que es útil contar con diferentes opciones disponibles.

En el práctico y perspicaz libro de Dave Crenshaw, *The Power of Having Fun: How Meaningful Breaks Help You Get More Done*, destaca la importancia de programar el tiempo para relajarse durante todo el día. Crenshaw usa la metáfora de caminar por un desierto y la necesidad de detenerse en un oasis para rejuvenecer.

Dependiendo de la actividad, la mayoría de las personas sólo puede concentrarse en el trabajo durante 45 a 90 minutos seguidos antes de comenzar a cansarse y distraerse. Es importante programar minidescansos a lo largo del día para mantener los niveles de energía altos y el cuerpo y la mente renovados. La relajación juega un papel importante en nuestra productividad general, por lo que es crucial para equilibrar las actividades estresantes con la relajación. Esto significa tomar descansos de tu trabajo cuando sea apropiado y necesario.

Cuando llegas al punto de tu día en el que parece que no puedes concentrarte en el trabajo, es probable que sea hora de alejarse, respirar un poco de aire fresco o tener una conversación amistosa con alguien, lo que le dé a tu cuerpo y mente un descanso temporal para que puedas volver a trabajar con una perspectiva renovada.

Incorporar la relajación en tu día

Si deseas dominar el estrés en tu vida, aprende cuándo es el momento de aceptar actividades estresantes y desafiantes y cuándo es el momento de dar un paso atrás y relajarte un poco. El punto de equilibrio será diferente para cada persona, pero cuando descubras dónde está ese equilibrio para ti, maximizarás tu productividad y tu felicidad.

Identifica en qué momentos te cansas. Nuestros días tienden a seguir una rutina predecible: nos sentimos con más energía en ciertos momentos del día, y con menos energía en otros momentos. Es común experimentar un desplome a media tarde, por ejemplo. Por lo general, nuestros días tienen un flujo particular: toma nota de cuándo te sientes más cansado. Probablemente sea cuando necesites programar un descanso para reiniciar.

Encuentra lo que mejor funciona para ti. Diferentes tipos de descansos funcionarán mejor para ti que otros, dependiendo de tu personalidad y del tipo de trabajo que realices. Alguien que realiza trabajo físico todo el día puede beneficiarse de los descansos que implican sentarse, leer un libro o participar en algún tipo de actividad mental. Pero alguien que trabaja en una oficina o realiza trabajo mental puede beneficiarse más si da un paseo. Trata de encontrar descansos que ayuden a equilibrar tu trabajo en lugar de depender de las mismas habilidades. De lo contrario, tus descansos pueden minar tu energía en lugar de dejarte descansar.

Crear una lista de "Actividades de relajación". Como mencioné anteriormente, con respecto a la comprensión de tu zona de confort, te recomiendo que escribas una breve lista de "Actividades de relajación" con al menos 10 actividades que te resulten tranquilizadoras y relajantes. Si bien puede resultarte obvio identificar lo que te relaja, realmente ayuda escribirlo y guardarlo para que estés al tanto de todas las opciones que tienes. Guarda esta lista en tu carpeta de Superación personal y agrega nuevas actividades a medida que las consideres. Cuantas más opciones tengas, más fácil será integrar la relajación en tu día.

El poder de los descansos cortos y largos. La duración de tus descansos realmente depende de cuánto necesitas reenergizarte. A veces, todo lo que necesitas para reenfocarte es pararte durante cinco minutos. Cuando llegas a tu caída del mediodía, un descanso para comer de una hora puede ser apropiado. En otras ocasiones, es posible que necesites un descanso mucho más prolongado para recuperarte, tal vez un "día de salud mental" o incluso una semana de vacaciones. Los descansos cortos (hasta 15 minutos), los descansos medios (una hora o dos) y los descansos largos (un día o más) pueden desempeñar un papel importante para mantener la mente fresca.

Reflexiona sobre tu rutina diaria. Repasa tu rutina diaria. Recuerda el ejercicio del capítulo 1 y pregúntate: "¿Qué actividades de relajación puedo agregar a mi agenda? ¿Y cuáles son los mejores momentos para hacerlas?" Es saludable dedicar momentos específicos a lo largo del día para relajarse y divertirse. Y escribir la relajación en tu horario diario te ayudará a sentirte menos culpable cuando te alejes del trabajo por primera vez. Haz de la relajación una parte natural de tu día.

Tómate un descanso cuando estés realmente atascado. Si tu trabajo requiere mucha creatividad o resolución de problemas, con frecuencia te encontrarás atascado en un problema en particular. Es tentador seguir atormentándonos y esforzándonos para encontrar una solución, pero a veces lo mejor es alejarnos del problema por un momento. Al tomar un descanso, dejamos que la mente trabaje en el problema en un nivel inconsciente. Eso puede llevar a ideas que no encontraríamos si tratáramos de abordar el problema directamente. También nos permite volver a trabajar con una nueva perspectiva. Hay muchas veces en las que me tomo un descanso al intentar escribir una canción, y cuando vuelvo a ella, la creatividad comienza a fluir de manera más espontánea.

¡La relajación no es pereza! La sociedad a menudo enfatiza el valor de mantenerse ocupado o hacer algo productivo. Pensamos que la relajación es algo perezoso o una pérdida de tiempo, pero eso no podría estar más lejos de la verdad. Los trabajadores más inteligentes y más duros de la sociedad son aquellos que saben cómo tomar un descanso cuando realmente cuenta. Si no lo haces, en realidad te volverás menos productivo; te cansas y no puedes dar lo mejor de ti. Recuerda siempre que la relajación y la productividad son dos caras de la misma moneda.

EL PODER DEL OCIO Y LOS PASATIEMPOS

Me he centrado en por qué el ocio y la relajación son importantes para minimizar el estrés y aumentar el enfoque y la energía, pero hay otros beneficios que vale la pena mencionar aquí. Las actividades de ocio pueden estimular muchas emociones positivas y elevar nuestra sensación general de felicidad y bienestar. Aquí hay algunas maneras en que el ocio puede mejorar nuestra vida:

Recuperación. El ocio proporciona una manera de relajarse y recuperarse después de trabajar. Esto nos ayuda a evitar la fatiga y el agotamiento, lo que puede dificultar tanto la felicidad como la productividad. Trabajar 24/7 no es realmente la mejor manera de ser productivo. Necesitas equilibrar saber cuándo forzarte y cuándo dar un paso atrás. El ocio nos permite tomarnos un descanso de nuestras principales responsabilidades y separarnos por un momento.

Autonomía. El ocio puede crear un sentido de elección y autonomía. Nuestro trabajo y responsabilidades pueden ser dictados por otros, pero perseguir pasatiempos durante nuestro tiempo libre nos da un mayor sentido de control sobre nuestra vida. El tiempo libre puede ser una de las pocas áreas en nuestra vida que es autodirigida y autodeterminada. Eso ayuda a aliviar el estrés y la ansiedad y nos da una sensación de poder sobre nuestra propia vida.

Maestría. El ocio puede cultivar un saludable sentido de éxito y logro personal. Aunque disfrutamos de nuestros pasatiempos, muchos de ellos requieren esfuerzo y dominar una habilidad, ya sea que estemos resolviendo los rompecabezas del sudoku o escribiendo poesía, haciendo música o jugando un videojuego. Nadie puede ser bueno en todo, pero todos pueden ser buenos en *algo*. Ésa es una importante necesidad psicológica a la que todos debemos prestar atención. Encuentra actividades agradables que te permitan mostrar progreso, habilidades mejoradas o algún nivel de logro y dominio. Completar pequeños objetivos por diversión, progresar en *cualquier* cosa, puede ser un buen estímulo para la confianza y la autoestima que luego pueden extenderse a otras áreas de la vida.

Sentido. El ocio puede ser una fuente de significado y propósito. Muchas actividades y pasatiempos tienen un significado personal para nosotros y para el panorama detrás de nuestra vida. Por ejemplo, las actividades que nos gusta hacer en nuestro tiempo libre pueden estar relacionadas con una tradición religiosa o espiritual (ir a la iglesia, ser voluntario, trabajar con una organización benéfica o sin fines de lucro). O las actividades de ocio pueden tener un significado porque juegan un papel sentimental en nuestra vida: tal vez te guste tocar la guitarra porque tu padre te enseñó a tocar, o te gusta jugar beisbol porque jugaste en secundaria. Las cosas que elegimos hacer en nuestro tiempo libre pueden ser sentimentales, nostálgicas y significativas, agregando una capa adicional de positividad a nuestra vida.

Socializar. El tiempo libre nos da la oportunidad de conectarnos con otras personas y ser más sociables. Si bien muchos pasatiempos se pueden hacer solos o con otras personas, pasar parte de tu tiempo libre en actividades sociales puede proporcionarte un importante sentido de amistad, comunidad y pertenencia. Dichas actividades pueden incluir unirte a una liga deportiva de fin de semana o a un club de libros mensual, jugar un juego de video multijugador con amigos o simplemente ir a un restaurante o a un bar con buena gente. Durante nuestro tiempo libre tenemos más opciones con respecto a las personas con las que nos rodeamos, por lo que es bueno programar el tiempo con amigos que realmente disfrutamos.

¿Tus actividades de ocio satisfacen todas tus necesidades?

Los beneficios potenciales que ofrecen las actividades recreativas brindan una buena guía para determinar qué tan efectivamente estás usando tu tiempo libre. Por ejemplo, si pasas la mayor parte de tu tiempo libre viendo televisión, eso puede ayudar con el aspecto de "recuperación" del ocio, pero ¿está satisfaciendo tus necesidades de "dominio" o tus necesidades de "significado" o "sociales"? Probablemente no.

Cuando piensas en tus actividades de ocio habituales, ¿sientes que todas tus necesidades se están satisfaciendo? Si no es así, podría ser una buena idea introducir algunas actividades y pasatiempos nuevos en tu rutina. Trata de tener una amplia gama de actividades de ocio para satisfacer múltiples necesidades. Tal vez algunos días sólo quieras sentarte en casa y tocar la guitarra solo, pero algunas noches es mejor ir a un restaurante o a un bar con amigos.

Si bien muchos de nosotros llevamos vidas ocupadas, todavía es importante aprovechar el tiempo para relajarnos. De acuerdo con el libro *168 Hours: You Have More Time Than You Think* de Laura Vanderkam, tendemos a sobreestimar nuestros compromisos cada semana y subestimar cuánto tiempo tenemos para nosotros mismos, especialmente el tiempo que podemos dedicar a las actividades que realmente disfrutamos. La mayoría de las personas debería poder encontrar algo de tiempo para relajarse y participar en actividades placenteras.

Si realmente te resulta imposible encontrar tiempo en tu día para relajarte o descansar, probablemente significa que tienes demasiado en tu plato y que tu rutina diaria actual es insostenible a largo plazo. No subestimes la importancia de relajarte. Asegúrate de que tus necesidades de relajación y ocio se cumplan a diario. Esto es esencial para construir un estilo de vida más feliz y saludable.

Pequeños pasos: Salud mental

- Haz tiempo en tu día para relajarte.
- Persigue un pasatiempo creativo.
- Pasa tiempo con gente positiva.
- Escribe sobre errores pasados y fracasos para aprender de ellos.
- Escribe sobre tus fortalezas individuales y logros pasados.
- Escucha música para cambiar tu estado de ánimo.
- Minimiza tu exposición a la información negativa.
- Concéntrate en lo que está en tu poder cambiar.
- Da un paseo por la naturaleza una vez por semana.
- Practica la meditación de atención plena una vez por semana.
- Haz una lista de las cosas por las que estás agradecido.
- Lee dos libros cada año que amplíen tu perspectiva.

- Haz un acto amable cada día, sin esperar nada a cambio.
- Busca formas de dar a tu comunidad y ayuda a otros ofreciendo tu tiempo y recursos.
- Pasa más tiempo besando y abrazando.
- Cree en algo más grande que tú.
- Tómate un "día de salud mental" cuando realmente lo necesites.
- Haz una lista de tus valores fundamentales en la vida.
- Encuentra una actividad que te dé un sentido de propósito.
- Encuentra 10 minutos cada día para sonreír, cantar o bailar.
- Intenta encontrar el humor en las cosas y reír más.
- Si es parte de tu sistema de creencias, reza con más frecuencia.

8

Ritual nocturno: termina cada día en la nota correcta

La manera en que terminas cada día es tan importante como la forma en que comienzas cada día.

Ya hemos cubierto la importancia de crear un ritual matutino que te energice antes de saltar a tu día. Ahora nos centraremos en crear un ritual nocturno para que también puedas terminar tu día con la nota correcta.

Deberíamos comenzar cada mañana con un impulso y terminar cada noche con una palmadita en la espalda. Las mañanas son cuando debes aumentar tu energía, motivarte y estar listo para conquistar tu día. Las noches son cuando debes disminuir la velocidad, reflexionar sobre tu día y prepararte para descansar.

Si repasas tu rutina diaria de ejercicios del capítulo 1, probablemente puedas encontrar que ya tienes algún tipo de ritual nocturno que normalmente sigues. Incluso algo tan simple como prender la televisión, mirar caricaturas mientras estás acostado y comer papas hasta quedarte dormido puede considerarse un tipo de ritual nocturno, aunque no el más saludable.

Cuando nos acercamos a la noche, es probable que nos sintamos agotados por todo el trabajo que hemos estado haciendo durante todo el día. Esto hace que sea fácil participar en comportamientos poco saludables, porque nuestra fuerza de voluntad a menudo se está agotando y sólo queremos relajarnos. Si bien la relajación debe ser parte de cualquier ritual nocturno, debemos hacerlo de una manera saludable y productiva que alimente nuestros valores y objetivos generales.

TU PROPIO RITUAL NOCTURNO

La mayoría de las personas define su "noche" como algo que comienza después de que cena. Para otros, puede ser un poco más tarde, tal vez "una vez que los niños se vayan a la cama". Sin embargo, al definir el comienzo de tu noche, el objetivo de tu ritual nocturno es terminar el día y prepararte para ir a dormir. Es probable que esto comience de una a tres horas antes de que planees irte a la cama.

Permíteme comenzar describiendo mi propio ritual nocturno y qué función cumple cada actividad para mí:

- **Cenar.** Normalmente, mi día relacionado con el trabajo termina alrededor de la hora de la cena, por lo que generalmente considero que esto es el comienzo de mi noche.
- **Lavar los platos / limpiar algo.** Después de comer, por lo general hago una limpieza de 15 minutos, especialmente en la cocina. Ésta es una actividad simple y productiva que puede ser relajante cuando estás en la mentalidad correcta, y siempre es más saludable no dejar el desorden en el hogar por mucho tiempo.

- **Revisar correos electrónicos.** Reviso mi correo electrónico por última vez para asegurarme de que no me haya perdido nada importante. De esta manera puedo dejar de trabajar por el resto de la noche.
- **Hacer una lista rápida de "cosas por hacer" para mañana.** Paso un par de minutos anotando las tareas principales que debo realizar al día siguiente. Usualmente hago esto en un pequeño bloc de notas que tengo en mi escritorio. Ésta es otra cosa que me ayuda a dejar de trabajar por el resto de la noche. También me evita acostarme en la cama pensando en lo que debo hacer mañana.
- **Ver la televisión / jugar videojuegos.** Ésta es la parte de mi día en que realmente comienzo a relajarme y descansar. Dependiendo de mi estado de ánimo, veré una película que he querido ver o un programa de televisión que he estado siguiendo, o jugaré un videojuego. Por lo general, paso una o dos horas seguidas de esta manera, pero en las noches de los fines de semana podría alargarme hasta tres o cuatro horas. Éste es un momento clave en mi día para divertirme y dejar de lado temporalmente el trabajo y las responsabilidades.
- **Tomar una copa de vino.** A menudo tomo una copa de vino (o un trago de whisky) mientras estoy viendo una película o jugando un videojuego. Por supuesto, ésta es mi rutina, y no necesariamente lo sugiero a nadie más (especialmente si tiene problemas con la bebida), pero para mí es un placer relativamente inofensivo.
- **Mirar las estrellas.** Me encanta pasar tiempo con la naturaleza, e incluso salir y mirar el cielo puede ser una experiencia realmente agradable, relajante e introspectiva. Los cielos nocturnos son particularmente hermosos cuando está despejado

y puedes ver la luna y las estrellas. Sólo necesito 15 minutos o menos afuera en cualquier noche para recibir una pequeña oleada de asombro y gratitud, una sensación maravillosa al final del día.

- **Cepillarse los dientes / lavarse la cara.** Ésta es la típica preparación para irse a la cama, pero yo me aseguro de lavarme los dientes y la cara para sentirme limpio y fresco cuando mi cabeza toca la almohada. Generalmente aprovecho la oportunidad para alimentarme de algunos pensamientos positivos mientras hago estas cosas.
- **Reflexionar sobre lo que estoy agradecido.** Por lo general, al lavarme los dientes reflexiono sobre algunas cosas por las que estoy agradecido en mi vida. Pueden ser cosas grandes ("estar seguro y saludable") o cosas pequeñas ("el almuerzo de hoy fue delicioso" o "me alegro de haber tenido una buena conversación con Peter"). Darte un momento para reflexionar sobre lo que estás agradecido puede ser una manera realmente saludable de terminar tu noche.
- **Acostarse.** Finalmente, me acuesto y me preparo para quedarme dormido. En este punto, mi cerebro generalmente está listo para apagarse, por lo que no me toma mucho tiempo quedarme profundamente dormido (de 10 a 15 minutos). Si encuentro que mi cerebro todavía está un poco activo, puedo pensar un poco más sobre las cosas por las que estoy agradecido o las cosas que salieron bien durante el día.

Mi ritual nocturno es bastante sencillo, pero el punto es que funciona para mí. Me ayuda a relajarme y terminar mi día con una nota positiva y agradable en general. Tu ritual nocturno puede ser bastante diferente, dependiendo de tu personalidad, intereses y responsabilidades. El objetivo es obtener al menos un poco de tiempo y espacio al final de tu día para "hacer lo tuyo" y relajarte un poco. Esto es importante no sólo para prepararte para ir a dormir, sino también para tu bienestar mental en general.

Dependiendo de tus obligaciones personales, puede ser difícil encontrar tiempo y espacio para ti al final de la noche. Pero incluso pasar 30 minutos viendo tu programa de televisión favorito y abrazando a una mascota o ser querido puede ser una forma valiosa de relajarse y comenzar a apagar tu mente.

La forma en que pases tu noche variará de un día a otro. Algunos días prefiero poner un podcast o leer un libro que mirar una película. En las noches de los fines de semana, especialmente, tal vez quiera ir a un restaurante, al cine, a un concierto o a una clase de baile. Tu ritual nocturno no es un horario difícil y rápido que debas seguir exactamente todos los días. Es sólo una guía general de cómo crees que sería mejor terminar la mayoría de tus días.

Ejercicio
Crea tu ritual nocturno

PASO 1. Revisa tu ejercicio de "Rutina diaria" del capítulo 1, centrándote específicamente en tus hábitos nocturnos.

PASO 2. Reflexiona sobre el ritual nocturno que estás siguiendo. Pregúntate:

- "¿Mi ritual nocturno actual me está ayudando a entrar en un estado relajado y tranquilo?"
- "¿Mi ritual nocturno actual termina el día con una nota positiva?"

- "¿Mi ritual nocturno actual me está preparando para dormir o me mantiene despierto?"

PASO 3. Ahora toma un papel y una pluma (o abre un nuevo documento de Word en tu computadora) y escribe "Ritual nocturno" en la parte superior de la hoja.

PASO 4. Haz una lista paso a paso de tu ritual nocturno ideal.

- Considera actividades que te ayuden a relajarte, desacelerar y disfrutar al final de la noche.
- Considera actividades que le den significado a tu noche, como reflexionar sobre cosas por las que estás agradecido, escribir en un diario o participar en algún tipo de meditación / oración.
- Considera actividades que te den una ventaja al día siguiente, como hacer una breve lista de "cosas por hacer" para mañana.
- Incluye todos los hábitos básicos relacionados con la higiene y con prepararte para ir a la cama: lavarte los dientes, lavarte la cara, tomar cualquier medicamento / vitaminas, etcétera.
- Piensa si puedes "apilar" ciertos hábitos, como repetir afirmaciones mientras te cepillas los dientes.

PASO 5. Una vez que hayas completado tu lista, reflexiona sobre cómo cada paso de tu ritual nocturno sirve para una perspectiva más amplia en tu vida. Recuerda que los rituales deben estar infundidos con algún sentido de significado y propósito.

PASO 6. Guarda el documento en tu carpeta de Superación personal.

Los rituales nocturnos no tienen que ser complicados, pero debes prestarles mucha atención, porque la forma en que terminas el día puede tener un gran impacto psicológico en cómo te sientes acerca de tu vida. La psicología nos enseña que el comienzo y el final de una experiencia a menudo se queda en nuestra mente más de lo que sucede en el medio. Lo mismo ocurre con la forma en que pasamos nuestros días. Si puedes aprender cómo comenzar tus días con una nota positiva y terminarlos con una nota positiva, estarás en una posición poderosa en tu vida. Entonces todo lo que sucede en medio puede comenzar a caer en su lugar.

9

Sistemas y metas: crea un nuevo estilo de vida

Las metas son un enfoque importante en la superación personal, por razones obvias. Nos interesamos en cambiarnos a nosotros mismos para poder lograr algún tipo de resultado directo en nuestra vida. Sin embargo, pensar en la superación personal en términos de metas puede ser una espada de doble filo. Para muchas personas, establecer metas y plazos puede motivarlas y mantenerlas enfocadas; pero para otras, establecer metas puede ser una forma de prepararse para el fracaso.

Cuando establecemos una meta, generalmente nos hacemos una declaración a nosotros mismos, como "perder 10 kilos" o "tener un salario de seis cifras". Luego trabajamos hasta el cansancio para alcanzar nuestra meta específica. Incluso podríamos establecer una fecha límite: "antes de que comience el verano" o "para cuando llegue a los 30", para ejercer una presión adicional sobre nosotros mismos. Pero hay muchas maneras en que esto puede ser contraproducente para nosotros. ¿Qué pasa si sólo pierdes cinco kilos antes del verano? Todavía has progresado, a pesar de que no alcanzaste tu meta. ¿Eso significa que has fallado? ¿Significa que deberías rendirte?

E incluso cuando tenemos la suerte de lograr nuestras metas establecidas, no significa que nuestro trabajo haya terminado. También debemos ser capaces de sostener el cambio en el futuro. Si pierdes los 10 kilos, técnicamente has alcanzado tu meta. Pero si no puedes mantenerte al día con tus cambios en la dieta y el ejercicio y recuperarás esos 10 kilos, es casi como si nunca hubieras tenido éxito. Incluso podría doler más que si hubieras fallado en primer lugar.

Ésta es la razón por la cual, según *How to Fail at Almost Everything and Still Win Big* de Scott Adams, las "metas" tienden a ser pensamientos a corto plazo, mientras que los "sistemas" tienden a ser pensamientos a largo plazo. Si estás buscando hacer un cambio o una mejora sustentable en tu vida, lo que realmente necesitas crear es un sistema que funcione para ti. Las metas pueden ser buenos motivadores temporales, pero a menudo no son suficientes para un verdadero cambio.

Crear los sistemas correctos en tu vida puede energizarte y sostenerte por mucho tiempo en el futuro. Esto no significa que las metas sean necesariamente algo malo, pero es importante que las abordes de la manera correcta. Este capítulo proporcionará pautas sobre cómo pensar más sistemáticamente acerca de tu vida y crear un sistema que realmente funcione para ti. También aprenderás cómo establecer y perseguir metas correctamente sin perder de vista el panorama completo.

SISTEMAS Y CAMBIOS A LARGO PLAZO

Una de las diferencias clave entre los sistemas y las metas es que los sistemas se centran en cambios pequeños pero a largo plazo.

A diferencia de las metas, los sistemas no requieren una referencia que debemos alcanzar dentro de un cierto marco de tiempo limitado. En cambio, representan un enfoque cotidiano de la vida que practicamos continuamente y construimos gradualmente.

Este libro trata de cómo los pequeños cambios pueden llevar a grandes cambios a lo largo del tiempo. Casi todos los consejos de este libro son un pequeño cambio que podrías comenzar hoy si realmente quisieras. Los pequeños cambios no son soluciones instantáneas, pero son sostenibles y su influencia puede aumentar con el tiempo.

Si te enfocas en un cambio pequeño y gradual, dentro de unos años mirarás hacia atrás y apenas reconocerás tu ser anterior. Así es como la mayoría de los cambios se desarrolla en nuestra vida. Día a día, puede que no te sientas como si estuvieras cambiando mucho. Es sólo cuando miras hacia atrás que ves la gran diferencia que has hecho.

Aquí hay algunos ejemplos de la diferencia entre metas y sistemas:

- **Dieta:** perder 10 kilos es una meta, pero comer bien es un sistema.
- **Ejercicio:** correr un maratón en menos de cuatro horas es una meta, pero ir al gimnasio todos los días es un sistema.
- **Escribir:** escribir una novela es una meta, pero escribir un poco cada día es un sistema.
- **Negocios:** ganar un millón de dólares es una meta, pero crear productos y servicios valiosos es un sistema.
- **Relaciones:** encontrar un novio es una meta, pero ser más social los fines de semana es un sistema.

¿Ves la diferencia? Los sistemas se centran en un proceso y no en un resultado específico. Construir el sistema correcto puede ayudarte a alcanzar tus metas, pero su enfoque se centra principalmente en lo que estás haciendo todos los días. Tu sistema son tus hábitos cotidianos y rutinarios. Crear un sistema significa construir un estilo de vida, no sólo intentar alcanzar una meta específica.

Ya tienes un sistema en tu vida. Es tu rutina diaria. Esto te da una imagen de los sistemas que se ejecutan actualmente en tu vida. ¿Están trabajando para ti o en tu contra?

Tu rutina diaria es un microcosmos de toda tu vida. Las pequeñas cosas que haces una y otra vez a diario eventualmente se acumularán para convertirte en lo que serás en el futuro. A continuación te explico cómo pensar más sistemáticamente sobre tu vida y tu mejora personal.

MENTALIDAD DE CRECIMIENTO *VS.* MENTALIDAD FIJA

Un gran concepto en psicología en este momento es la "mentalidad de crecimiento". El concepto básico es que tenemos la capacidad de cambiar y mejorar a lo largo del tiempo. Esto contrasta con una mentalidad fija, en la que creemos que nuestra forma de ser ahora es la forma en que siempre vamos a ser, y no hay esperanza de cambiar eso.

Según un estudio fascinante publicado en *The Journal of Child Psychology and Psychiatry* en 2017, incluso una única sesión de 30 minutos sobre la mentalidad de crecimiento puede ayudar a los adolescentes que tienen síntomas de depresión y ansiedad. El estudio midió primero los síntomas de ansiedad y depresión haciendo que las personas se sometieran a una encuesta autoinformada. (También se les pidió a los padres que participaran en una encuesta para evaluar los síntomas en sus hijos.) Sólo se aceptó en el estudio a las personas que informaron síntomas graves de depresión.

Luego a algunos participantes se les asignó para tomar una sesión por computadora de 30 minutos que les enseñó sobre los nuevos hallazgos en psicología y los beneficios de una mentalidad de crecimiento. Esto incluyó investigaciones que muestran que nuestras personalidades son mucho más maleables y susceptibles a cambios de lo que creemos. También cubrió la idea de "neuroplasticidad", que explica que nuestro cerebro siempre está construyendo nuevas conexiones neuronales basadas en nuevas experiencias. Luego, a los adolescentes se les dieron ejemplos de cómo una mentalidad de crecimiento podría aplicarse a su vida diaria. Jóvenes mayores compartieron sus experiencias personales sobre cómo una mentalidad de crecimiento les había ayudado a lidiar con problemas como la vergüenza y el rechazo.

Luego, los investigadores hicieron seguimientos con cada participante después de tres, seis y nueve meses para evaluar si sus síntomas de ansiedad y depresión habían cambiado. Los participantes que habían tomado el minicurso sobre la mentalidad de crecimiento informaron menos síntomas de ansiedad y depresión en todos los seguimientos. Incluso una sola sesión de 30 minutos sobre la mentalidad de crecimiento puede tener un impacto significativo a largo plazo.

En el contexto de la depresión y la ansiedad (o cualquier condición mental), una mentalidad de crecimiento puede ser tremendamente importante, porque al menos nos deja abiertos a la posibilidad de un cambio. Al estar más abiertos a esa posibilidad, es más probable que intentemos cosas nuevas y aprovechemos oportunidades que podrían ayudarnos de alguna manera.

Una mentalidad fija, por otro lado, te llevará a rendirte y quedarte estancado en tus viejas costumbres. Pensarás: "¿Cuál es el punto de probar cosas nuevas si siempre voy a ser exactamente igual?" Y esa mentalidad fija sigue alimentándose, dejándote atrapado en los mismos patrones. Esto hace que el cambio sea casi imposible.

El mismo estudio también muestra lo útil que puede ser aprender más sobre la psicología en general. Cuanto más sepamos cómo funciona nuestra mente y mejor nos entendamos a nosotros mismos, más podremos usar esa información para mejorar nuestra vida. Aprender conceptos como la mentalidad de crecimiento y la neuroplasticidad nos enseña que en realidad tenemos algo de poder sobre nuestra vida y en qué tipo de persona nos convertimos.

Ésta es una lección crítica para los niños y adolescentes, quienes pueden inhibir su educación, crecimiento y desarrollo si creen que no hay esperanza de cambiar. Después de conocer el concepto de mentalidad de crecimiento, los jóvenes del estudio tenían más probabilidades de estar de acuerdo con afirmaciones como las siguientes:

- "Puedo ser popular entre los niños de mi edad si realmente lo intento."
- "Me puede ir bien en mis exámenes si realmente me esfuerzo mucho."
- "Por lo general, puedo encontrar algo bueno que me guste, incluso en una mala situación."
- "Cuando tengo un problema que no puedo cambiar, puedo dejar de pensar en ello."

Éstas son creencias empoderadoras que pueden motivar a cualquier persona a convertirse en una mejor persona y tomar más control sobre su vida. Enseñar estas actitudes en las escuelas podría hacer una gran diferencia en el mundo al alentar a cada niño a alcanzar su máximo potencial.

Una mentalidad de crecimiento es igual de importante en los adultos. Incluso cuando somos mayores, seguimos aprendiendo, creciendo y evolucionando como seres humanos. La superación personal es un proceso y una comprensión sin fin que son esenciales para desarrollar una mentalidad de crecimiento constante.

Es sorprendente cómo una única sesión de 30 minutos podría tener un impacto positivo a largo plazo. Pero imagina cuánto más poderoso podría ser si todos los días te recordaras mantener una mentalidad de crecimiento. Una forma de hacer esto es crear afirmaciones que enfaticen el crecimiento, el progreso y la mejora gradual. Considera agregar estas frases a tu lista de afirmaciones:

- "Estoy creciendo y evolucionando un poco cada día."
- "Cada experiencia es una oportunidad para aprender y mejorar."
- "Soy una persona dinámica que está cambiando todos los días."

Cambiar tu mentalidad no es fácil y no sucede de la noche a la mañana. Pero trabajar activamente hacia una mentalidad de crecimiento es un cambio de perspectiva que puede marcar una gran diferencia en la forma en que vives y evolucionas como persona. La verdad es que siempre estamos cambiando, en formas tanto pequeñas como grandes. La idea de que tenemos un yo fijo es un mito.

En un estudio revelador publicado en *Psychology and Aging* en 2016 los investigadores encontraron que las personas a menudo subestiman cuánto cambiará su personalidad en el transcurso de la vida. Hicieron que los participantes tomaran una prueba de personalidad a la edad de 14 años y luego nuevamente a los 77, y encontraron que los individuos puntuaban de manera muy diferente en varios rasgos mentales.

Esto nos muestra que podemos cambiar mucho más de lo que creemos, y nuestra idea del "yo" es mucho más dinámica de lo que pensamos. Ten esto en cuenta mientras cultivas una mentalidad de crecimiento.

Prueba este experimento mental

Piensa en el tipo de persona que eras hace cinco, 10 o 20 años, o cuando eras niño. ¿Cómo era esa persona diferente de quien eres hoy? Probablemente puedas identificar al menos algunas diferencias importantes. De la misma manera, quién serás cinco, 10 o 20 años en el futuro será diferente de quién eres ahora.

Siempre estamos cambiando, pero a menudo no es hasta que miramos hacia atrás en nuestra vida que nos damos cuenta de cuánto hemos cambiado con el tiempo. Comprender esto es esencial para abrazar tu ser dinámico y cultivar una mentalidad de crecimiento que apunta a un progreso y mejora a largo plazo.

IMAGINANDO TU YO FUTURO

Honestamente, ¿con qué frecuencia piensas en tu yo futuro? Tu respuesta a esta pregunta podría hacer una gran diferencia en cuán feliz y exitoso serás más adelante en la vida.

Tu futuro ser es un concepto importante en el que pensar cuando intentas crear una vida y una rutina diaria que sirvan a tus objetivos a largo plazo. Al preguntarte dónde quieres estar en el futuro, puedes tomar decisiones más inteligentes en el presente.

En el ajetreo diario, es fácil quedar atrapado en el momento presente y tener una visión estrecha de cómo vivir nuestra vida. Tendemos a centrarnos más en nuestras necesidades y deseos inmediatos que en lo que queremos en el futuro. Podemos volvernos adictos a la gratificación instantánea. La forma en que usamos internet es uno de los mejores ejemplos de esto. Pensamos en algo que queremos comprar y lo pedimos en Amazon ese mismo día. Pensamos en un video que queremos ver y lo buscamos en YouTube. Publicamos una opinión aleatoria en las redes sociales y obtenemos varios "me gusta" instantáneamente.

Queremos cosas *ahora* y no más tarde, incluso si eso significa rechazar una recompensa más grande y mejor en el futuro. Esto parece ser más cierto hoy que nunca antes.

Los psicólogos lo han observado en el clásico "experimento del bombón", en el que es más probable que la mayoría de los niños prefiera comer un solo bombón de inmediato en lugar de esperar 10 minutos para obtener dos bombones. Pero los estudios también muestran que los niños que pueden resistir la recompensa inmediata para recibir una recompensa más grande en el futuro tienen más probabilidades de tener éxito en la escuela, el trabajo y la vida.

De hecho, uno de los factores más importantes en la mejora personal y la toma de decisiones inteligente es saber cuándo pagar los costos a corto plazo por los beneficios a largo plazo. Para hacer esto, debemos tener presente el futuro en todo momento y considerar nuestro yo futuro. Sólo tener en cuenta nuestras necesidades y deseos en el momento presente puede llevarnos a decisiones impulsivas que terminan perjudicándonos. Por ejemplo, queremos comer esa rebanada de pastel ahora porque nos dará placer, y ésa es una buena experiencia. Pero si siempre nos rendimos a tales recompensas instantáneas, es probable que terminemos pagando costos importantes en el futuro, como la mala salud y la obesidad. Por eso es tan importante pensar y actuar con una mentalidad a largo plazo. Necesitamos prestar atención a cómo las cosas que hacemos hoy van a influir en dónde estemos *mañana*.

Ha habido algunas investigaciones interesantes de psicología que muestran cómo pensar sobre tu futuro puede mejorar tu vida de diferentes maneras. En un estudio publicado en el *Journal of Consumer Research* en 2011 se encontró que las personas que se sentían más conectadas con su yo futuro terminaban gastando menos y ahorrando más de su sueldo.

Esto hace sentido. Si consideras tus deseos y necesidades futuros, actuarás de manera diferente hoy de cómo actuarías si ignoraras completamente el futuro. ¿Quieres comprar un coche nuevo? ¿Quieres ir de vacaciones o ahorrar para la universidad? ¿Quieres tener fondos de respaldo en caso de una emergencia? Todas estas cosas requerirán que gastes menos ahora para que puedas construir algo más grande en el futuro.

En otro estudio publicado en *Psychological Science* en 2013 se encontró que las personas tienen más probabilidades de tomar decisiones orientadas hacia el futuro cuando se sienten más poderosas y en control de su vida. Quizá demasiadas personas subestiman la influencia que tienen sobre su propio futuro, por lo que comienzan a descuidarlo por completo. Es fácil ver cómo nuestras acciones influyen en el presente, pero es más difícil imaginar cómo nuestras acciones nos influirán durante meses, años y décadas en el futuro.

Las personas felices y exitosas están fuertemente conectadas con su yo futuro. Ven dónde quieren estar en cinco, 10 y 20 años, y ven cómo pueden comenzar a moverse en esa dirección hoy.

CONECTANDO CON TU YO FUTURO

Al conectarte con tu yo futuro, puedes comenzar a realizar cambios que te colocan en un camino hacia el crecimiento y la mejora a largo plazo. Prueba los siguientes ejercicios para conectarte más con tu yo futuro.

Ejercicio 1. Tómate unos minutos y pregúntate: "¿Cómo influyen mis acciones de hoy en el futuro?" Observa tu rutina diaria con una mentalidad a largo plazo. ¿Tus hábitos diarios están cumpliendo tus metas futuras o no?

Ejercicio 2. Escribe una carta desde la perspectiva de tu yo futuro, dando consejos a tu yo presente. ¿Qué tipo de consejo podría dar ese yo futuro a ti hoy? ¿Qué ideas podrías obtener potencialmente? Éste es un ejercicio excelente para llevarte fuera de tu mentalidad actual y más hacia la mentalidad de tu potencial yo futuro.

Ejercicio 3. Imagina cómo será tu vida dentro de cinco, 10 o 20 años en el futuro. ¿Cuáles son algunos caminos posibles que podrías recorrer? ¿Cómo será tu rutina diaria? ¿Cómo puedes vivir más como este yo futuro hoy?

Tu objetivo con estos tres ejercicios es comenzar a fusionar tu yo presente con tu yo futuro. Puedes hacer esto actuando como si ya fueras este yo futuro. En uno de los ejercicios anteriores se te pidió que consideraras cómo sería tu rutina diaria en un futuro ideal. Ahora pregúntate cómo puedes comenzar a integrar esos hábitos en tu rutina actual. Comienza a actuar como si ya fueras este yo futuro. Al abordar tu vida de esta manera, comenzarás a hacer grandes cambios.

DEJAR IR EL PERFECCIONISMO

Un gran obstáculo para el pensamiento orientado al crecimiento es la idea del perfeccionismo: la falsa creencia de que podemos vivir nuestra vida sin cometer errores ni fallar en nada. Esto nos impone una carga poco realista de pensar que siempre debemos ser "perfectos" o mejor no tratar de hacer nada en absoluto.

Esta mentalidad perfeccionista puede obstaculizar nuestro crecimiento y hacer que nos rindamos sin intentar cambiar nuestra vida en absoluto. Si crees que debes ser perfecto en todo lo que haces, entonces es posible que no veas el punto de probar cosas nuevas, desafiarte a ti mismo o tratar de mejorar gradualmente.

Al incorporar nuevos hábitos a tu rutina, no te sorprendas cuando cometas errores una y otra vez. Eso es natural. Y todo es parte del proceso de crecimiento. Es fácil sentirse frustrado en el camino de la superación personal, casi demasiado fácil. Tratamos de hacer un cambio positivo, nos equivocamos y cometemos un error, y rápidamente pensamos "olvídalo" y nos rendimos.

Pongamos de ejemplo a alguien que está tratando de dejar de fumar. Intenta dejar el vicio, pasa algunos días sin fumar un cigarro, luego cede y fuma uno mientras socializa una noche. Podemos recordar una experiencia como ésta y considerarla un fracaso total. Cuando cedemos una sola vez, comenzamos a pensar "qué demonios" y simplemente nos rendimos. De hecho, los psicólogos están empezando a llamar a esto el efecto "qué demonios".

Un estudio publicado en *Appetite* en 2010 ilustra esto perfectamente. Las investigaciones encontraron que las personas que estaban a dieta comían más galletas si se les había servido una rebanada de pizza "más grande". En otras palabras, comer esa porción de pizza tuvo un efecto de "qué demonios", por lo que terminaron comiendo más galletas que las personas a dieta que no habían comido la porción "grande" y, por lo tanto, no se sentían tan mal por comer pizza.

Ese efecto "qué demonios" se aplica a muchas áreas de la vida: comer, fumar, consumir alcohol, consumir drogas, no ir al gimnasio o cualquier comportamiento que intentemos reducir. Un estudio publicado en *Psychology of Addictive Behaviors* en 2013 señala que a veces la adicción se supera mejor sin tomar un voto estricto de abstinencia. Cuando alguien practica la abstinencia total, a menudo tiene una mentalidad perfeccionista en la que no puede permitirse cometer un error ni una sola vez. Debido a esto, es mucho más probable que experimente el efecto "qué demonios" cuando comete su primer error.

Para evitar este efecto "qué demonios", es importante reconocer que la superación personal no es un proceso lineal, sino un camino irregular y dinámico. A veces, das dos pasos hacia adelante, un paso hacia atrás, un paso hacia adelante, dos pasos hacia atrás, dos pasos hacia adelante, y así continúa. Pero no puedes dejar que un solo error te distraiga del progreso que estás haciendo. Aunque sean dos pasos hacia adelante, un paso hacia atrás, igual sigues avanzando.

Claro, tal vez te rendiste y fumaste un cigarro, pero también estuviste tres días sin fumar. Eso tiene que contar para algo, y tienes que empezar en alguna parte. No te salgas de control debido a un pequeño error. El fracaso puede ser una buena señal. Significa que te estás desafiando y empujando tus límites. No necesariamente lo veas como algo malo, sino como una parte inevitable del crecimiento y la mejora.

Si te encuentras atrapado en una mentalidad perfeccionista, considera agregar esto a tu colección de afirmaciones:

- "El fracaso es a menudo el primer paso para el éxito."
- "Ningún evento en el pasado me define. Debo seguir avanzando."
- "El panorama completo es más importante que cualquier detalle individual."
- "Un pequeño paso adelante sigue siendo un paso adelante."

Éstas son buenas creencias para inculcarte. Utilízalas como herramientas para ayudar a cambiar tu perspectiva hacia un pensamiento más sistemático y orientado al crecimiento.

PENSANDO SISTEMÁTICAMENTE

Nos hemos centrado en las grandes ideas detrás del pensamiento sistemático y orientado hacia el crecimiento. No existe una solución mágica simple para cambiar tu forma de pensar, pero éstos son principios importantes que debes tener en cuenta al tratar de mejorar tu vida diaria.

Éste es un resumen de los principios básicos que debes tener en cuenta al tratar de pensar de manera más sistemática sobre tu vida.

Tus hábitos diarios determinan tu futuro. Asegúrate de pensar en las consecuencias a largo plazo de tus acciones diarias.

Aplica una mentalidad de crecimiento. Siempre recuerda que tienes la capacidad de cambiar con el tiempo. No eres un "yo fijo" que siempre será exactamente la misma persona que eres hoy. Puede ser un proceso lento, pero el crecimiento es posible.

Mantén tu yo futuro en mente. Si bien es importante enfocarse en cómo puedes cambiar en el presente, también hay un tremendo poder en proyectar tu yo futuro para tener una idea clara de a dónde quieres ir en tu vida. Esto puede jugar un papel importante en cómo actúas ahora.

Acepta fracasos. No hay un proceso de crecimiento y mejora que no incluya el fracaso en el proceso. Piensa en tus errores como baches a corto plazo en tu camino hacia la mejora a largo plazo.

Haz lo que te funcione. Las personas felices y exitosas no siguen la misma rutina; conciben un sistema que se adapta a sus preferencias, valores y necesidades individuales. No sientas la necesidad de copiar a nadie más.

Sé paciente contigo mismo. La mayor trampa en toda la superación personal es pensar que puedes cambiarte a ti mismo y a tu vida de la noche a la mañana. Anhelamos soluciones rápidas, pero el crecimiento puede ser un proceso lento. Es esencial que aprendamos a ser pacientes con nosotros mismos.

La principal diferencia entre el "pensamiento sistemático" y el "pensamiento de metas" es que, con el pensamiento sistemático, tienes una visión a largo plazo del futuro y lo que estás tratando de construir cada día. No se trata sólo de esforzarse durante algunos meses para alcanzar una meta en particular, sino de crear un estilo de vida que puedas sostener sin cesar.

Un mantra por el que vivo es "pensar en grande, actuar en pequeño". Si bien la mayoría de las recomendaciones de este libro se refiere a hacer pequeños cambios, también debes tener en cuenta la visión más amplia. Es por eso que el pensamiento sistemático es esencial.

Intenta pensar en tu rutina diaria completa como un sistema en sí mismo. Cada hábito diario es un componente pequeño que ayuda al sistema a funcionar de manera eficiente. ¿Este sistema funciona para ti o trabaja en tu contra?

Pequeños pasos: Trabajo

- Haz una lista de las cosas que te gustan de tu trabajo actual.
- Siempre llega al trabajo a tiempo.
- Haz una lista diaria de "cosas por hacer".

- Realiza primero las tareas más importantes, difíciles y urgentes.
- Divide los grandes objetivos en tareas más pequeñas.
- Aprende cuándo pedir ayuda.
- Continúa adquiriendo conocimientos y aprendiendo nuevas habilidades.
- Ve a fiestas de trabajo para fortalecer tus relaciones con tus compañeros.
- Programa pequeños descansos para recargar.
- Recompénsate cuando hagas un trabajo increíble.
- Pon música para mantenerte motivado mientras trabajas (si es apropiado en tu lugar de trabajo).
- Sé feliz por el éxito de otras personas y aprende de ellas.
- No esperes hasta el último minuto para cumplir con un plazo.
- Diviértete comenzando una sana competencia con compañeros de trabajo.
- Sé lo más amigable posible con todas las personas con las que trabajas.
- Ayuda a tus compañeros de trabajo cuando lo soliciten: sé un jugador de equipo.
- No tengas miedo de decir "no" si estás realmente ocupado.
- Aplica energía positiva al trabajo: sonríe más, ríe más, sé optimista.
- Haz de tu página de inicio de internet algo relacionado con la productividad, como los correos electrónicos.
- Pregúntale a tu jefe qué es lo que necesita de ti.
- Permanece abierto a recibir comentarios de otros (compañeros de trabajo, tu jefe) y no lo tomes personal.
- No tengas miedo de compartir tus opiniones, de manera educada, por supuesto.

- Anima a todos a ser su mejor versión.
- Reflexiona sobre el panorama detrás de tu trabajo.

METAS Y MOTIVACIÓN A CORTO PLAZO

Si bien la creación de sistemas es el método más eficaz para la superación personal a largo plazo, el establecimiento de metas puede ser una forma valiosa de motivarte y avanzar.

Una meta es cualquier objetivo que alguien quiere lograr. La estructura básica detrás de cada meta es "Estado actual → estado futuro deseado". Tu estado actual es donde te encuentras en este momento, y tu estado futuro deseado es donde deseas estar después de lograr tu meta. Una meta común podría ser perder cinco kilos. Tu peso actual sería tu estado actual, y ese peso menos cinco kilos sería tu estado futuro deseado.

Cada meta puede ser conceptualizada en estas dos etapas de alguna manera. Tratar de alcanzar nuestras metas siempre es un proceso de pasar de un estado de la vida a otro. Esto se aplica a todos los tipos de metas, ya sean relacionadas con salud, carrera, relaciones, educación, deportes, pasatiempos o sólo felicidad en general.

Cómo establecer metas

Antes de intentar alcanzar cualquier meta, es importante saber cómo establecerla correctamente en primer lugar. Los criterios para establecer metas se resumen en el acrónimo SMART [Specific, Measurable, Achievable, Relevant, Time-Bound], popularizado por el psicólogo y experto en organización Peter Drucker. Según este modelo, la mejor manera de establecer una meta es hacer que sea:

Specific (Específica). Un problema importante es que las personas hacen que sus metas sean demasiado vagas y abstractas. Dicen que su meta es "ser feliz", "estar sano" o "ser más amable", pero no lo relacionan con un resultado específico. Sé lo más concreto posible para que sepas exactamente lo que quieres lograr. En lugar de establecer una meta para "estar saludable", establece una meta de "iré al gimnasio cinco veces a la semana" o "bajaré mi tiempo de mi última carrera de 10 km".

Measurable (Medible). Tu meta debe ser específica pero también medible para que puedas seguir tu progreso. Intenta establecer tu meta en términos de un número, como "Perderé X kilos", "Iré al gimnasio X veces por semana" o "Escribiré X palabras cada día". Asignando un número por alcanzar, puedes medir más fácilmente tu éxito. Lleva un registro en un diario o con una aplicación móvil para que puedas constatar visualmente el progreso que estás logrando, lo que te ayudará a mantenerte motivado y comprometido.

Achievable (Alcanzable). Asegúrate de que tu meta sea realmente alcanzable. No querrás establecer la meta de levantar 150 kilos después de ir al gimnasio durante un mes; un número que está ligeramente por encima de tu valor actual es viable. Al establecer metas que son desafiantes pero que aún son alcanzables, puedes esforzarte para avanzar sin fallar y decepcionarte.

Relevant (Relevante). Tu meta debe ser relevante para tus valores fundamentales y hacia dónde quieres ir en el futuro. No tiene sentido establecer metas sólo para demostrarte que puedes lograrlas. Apunta a metas que sirvan al panorama general detrás de tu vida. Si valoras tu salud, establece metas para ayudarte a estar más saludable. Si valoras tu trabajo, establece metas para ayudarte a ser más productivo. Si valoras a tu familia, establece metas que te ayuden a construir relaciones más sólidas. No te limites a establecer metas por el simple hecho de hacerlo. Asegúrate de que estén vinculadas a un valor central en tu vida y a una visión clara del futuro que deseas construir para ti.

Time-Bound (Con plazo concreto). Establece una fecha límite, diciéndote que debes alcanzar tu meta dentro de un cierto periodo de tiempo. Las fechas límite pueden ser un aspecto importante del establecimiento de metas, porque te brindan algo específico para alcanzar. Pueden motivarte para que trabajes más y más rápido para lograr tu meta en el plazo que hayas establecido.

Cada meta que establezcas debe seguir estos cinco principios. Debe ser específica, medible, alcanzable, relevante y con un plazo concreto. Sin estos elementos nos podemos preparar para el fracaso. Combinar estos criterios con la otra información en este libro (especialmente tus "Herramientas para la motivación" en el capítulo 6) te pondrá en una excelente posición para tener éxito. Eso no significa que lograrás todas las metas que establezcas. Ahí es cuando tu pensamiento sistemático necesita incorporarse. Entiende que ningún fracaso es fatal y que múltiples fracasos a menudo son necesarios en cualquier camino hacia el éxito.

CREA UNA LÍNEA DE TIEMPO
PROGRESIVA DE METAS

Al comienzo de este libro te pedí que crearas una lista detallada de tu rutina diaria. Esto fue fundamental para las lecciones principales de este libro, porque enfocó tu atención en los pequeños cambios de hábito en los que puedes comenzar a trabajar todos los días. En esta sección estoy introduciendo un ejercicio que conecta directamente tu rutina diaria con tus metas más grandes en la vida. A esto lo llamo "Línea del tiempo progresiva de tus metas" porque comienza centrándose en las metas que se deben completar en un solo día, y luego se amplía a las metas que pretendes completar en una semana, un mes, un año y una década.

Al crear una línea de tiempo progresiva de metas comienzas a obtener una imagen más completa de a dónde quieres ir en la vida. Esto incluye ampliar las metas que puedes lograr hoy y reducir las metas que deseas lograr en el futuro.

Escribir tus metas es una buena manera de hacer que tus sueños se vuelvan más tangibles. No reemplaza realmente tomar medidas para lograr estas metas, pero ser capaz de verlas escritas delante de ti es un primer paso para ser más proactivo. Para darte una idea de cómo podría verse, aquí hay un ejemplo de mi propia línea de tiempo progresiva.

Mi línea de tiempo de metas
En un día:

- Responder a los correos electrónicos de trabajo de hoy.
- Terminar de escribir este capítulo.
- Ir al supermercado.

- Llamar a mis papás para ver cómo están.
- Ir al gimnasio.

En una semana:

- Grabar un nuevo podcast.
- Escribir un nuevo artículo para mi sitio web.
- Conseguir ropa nueva para el verano.
- Llevar el coche al servicio.
- Pagar mis cuentas del mes.
- Hacer algo divertido con amigos el fin de semana.

En un mes:

- Comenzar a grabar para un nuevo proyecto musical.
- Encontrar nuevos clientes de *coaching*.
- Ir a un concierto.
- Hacer una lluvia de ideas sobre formas de promover el nuevo libro.
- Seguir haciendo artículos y podcasts.

En un año:

- Tomarme unas vacaciones y visitar a mis papás.
- Comenzar a escribir el siguiente libro.
- Finalizar la grabación del álbum de música.
- Comenzar a salir en serio otra vez.
- Tomar medidas activas para expandir mi red y círculo social.
- Encontrar nuevas formas de promocionar el sitio web y la marca.

En cinco años:

• Mudarme del departamento y encontrar un mejor hogar.
• Viajar alrededor del mundo.
• Comenzar a escribir un guion.
• Terminar de escribir el siguiente libro.
• Escribir un monólogo de *stand-up* y probarlo.
• Iniciar un taller de superación personal.

En 10 años:

• Casarme y empezar una familia.
• Terminar el guion y conseguir una oferta para hacerlo película.
• Iniciar un nuevo negocio con amigos en un área que realmente me importe.
• Involucrarme más en el voluntariado y el activismo social.
• Comenzar a invertir dinero en otros proyectos y organizaciones que me interesan.

Ahora crea tu propia línea de tiempo progresiva. Concéntrate en lo que quieres hacer dentro del próximo día → semana → mes → año → cinco años → 10 años. Recomiendo al menos cinco elementos para cada punto en tu línea de tiempo. Esto debería darte suficiente flexibilidad para tocar diversos aspectos de tu vida que deseas mejorar. Una vez que hayas terminado tu línea de tiempo, guárdala en tu carpeta de Superación personal.

Este ejercicio te permite ampliar las metas a corto plazo (dentro del próximo día, semana y mes) y reducir las metas a largo plazo (dentro del próximo año, cinco años y 10 años). Una vez que hayas creado tu línea de tiempo puedes revisarla y cambiarla cuando lo desees. En un mes, quizá te des cuenta de que has olvidado una meta clave. En un año puedes cambiar de opinión sobre alcanzar una meta anterior. Todo está sujeto a cambios. El propósito de este ejercicio es darte una idea más clara de tus metas a corto plazo y tus metas a largo plazo, y cómo pueden encajar. Pero no hay nada de malo en abandonar ciertas metas y ambiciones a medida que avanzas en la vida, especialmente a medida que cambian tus propios valores y preferencias. Entonces, no te preocupes por hacer que tu línea de tiempo sea perfecta.

Éste es un ejercicio útil para revisar al menos una vez al año. Es un buen recordatorio de tus metas y ambiciones a largo plazo, y te brinda un marco de tiempo aproximado para cuándo esperas cumplir dichas metas. Después de varios años, será interesante mirar hacia atrás en tu línea de tiempo para ver qué tan lejos has llegado en el cumplimiento de ciertas metas y cómo tu interés en otras puede haber cambiado.

Conclusión
Gran perspectiva,
pequeños cambios

Aunque he ofrecido muchos consejos y sugerencias a lo largo de este libro, es importante recordar la idea fundamental: *comenzar poco a poco y concentrarse en hacer pequeños cambios.*

Es fácil sentirse abrumado por todas las elecciones que tenemos en la vida, pero el mejor camino a seguir es concentrarse en un pequeño cambio de hábito y construir desde allí. La superación personal requiere tiempo, esfuerzo y paciencia. No es algo que sucede de la noche a la mañana, y no hay soluciones rápidas que mágicamente mejorarán las cosas.

He estado practicando este consejo por más de una década, pero todavía tengo mucho que aprender. Sigo siendo imperfecto. Todavía tengo defectos. Todavía me equivoco a diario. Pero estoy progresando.

El cambio es posible.

Espero sinceramente que las ideas en estas páginas ya te hayan ayudado de alguna manera. La elección de adoptar cualquiera de los pequeños hábitos sugeridos en estas páginas puede hacer una gran diferencia a largo plazo.

Utiliza este libro como un recurso para aprender, revisar e integrar a tu vida. Compártelo con familiares y amigos que creas que se beneficiarían de su mensaje. Y lo más importante, sigue creciendo y mejorándote.

STEVEN HANDEL

Apéndice.
Colección de pequeños hábitos

A lo largo de este libro hay muchas sugerencias sobre pequeños hábitos que puedes comenzar a integrar en tu rutina diaria. Aquí hay una colección completa de la mayoría de los pequeños hábitos recomendados (así como otros pequeños hábitos que no se mencionaron).

Piensa en esta colección de pequeños hábitos como las tuercas y tornillos que puedes usar para desarrollar tu rutina diaria. Son las acciones más pequeñas que puedes realizar diariamente para promover la felicidad, el crecimiento y el bienestar.

Aunque sería imposible realizar todas estas tareas en un solo día, es probable que haya un par de buenas sugerencias en cada sección para que comiences a integrarlas en tu vida lo antes posible.

Éste es un buen recurso al cual puedes volver cuando evalúes tu rutina diaria y trates de encontrar cosas nuevas que agregar. Aunque muchos de estos hábitos son de sentido común, es útil recordar las pequeñas cosas que a menudo pueden marcar una gran diferencia en nuestra vida.

DESCANSO

Mantén un horario regular de sueño. Un horario de sueño consistente es clave para equilibrar los niveles de energía de tu cuerpo (las horas del día en que te sientes despierto frente a cuando tienes sueño).

Intenta dormir de siete a 10 horas cada noche. La mayoría de los profesionales de la salud recomienda de siete a 10 horas para la persona promedio (pero puede haber excepciones dependiendo de la persona).

Pon una alarma para irte a la cama y para despertarte. Las alarmas te ayudan a mantener tu horario en orden. Establece una alarma para despertar, pero también para cuando debes comenzar a relajarte y prepararte para dormir.

Mantente físicamente activo durante el día para estar cansado por la noche. La actividad física quema energía, estrés y ansiedad, lo que hará que sea más fácil conciliar el sueño por la noche.

Usa tu habitación para dormir, no para ver la tele ni usar la computadora. Trata de hacer de tu dormitorio un lugar dedicado a dormir y no a otras actividades. Esto creará una fuerte asociación en tu cerebro, de modo que cuando tu cabeza toque la almohada, tu cuerpo esté pensando: "Oh, es hora de dormir".

Asegúrate de que tus almohadas y sábanas estén limpias y cómodas. Sentirse cómodo y limpio facilitará que tu cuerpo se duerma tranquilamente. Trata de lavar o cambiar tus sábanas al menos una vez por semana.

Cepíllate los dientes y lávate la cara antes de irte a la cama. Ésta es una buena actividad para hacer justo antes de irte a la cama para que te sientas limpio y fresco.

Apaga las luces una hora antes de dormir. Las luces brillantes nos mantienen energizados, mientras que las habitaciones más oscuras nos ponen en un estado más relajado y somnoliento. Intenta atenuar las luces o encender velas en la noche para indicar a tu cuerpo que es hora de disminuir la velocidad.

Deja de usar aparatos electrónicos 30 minutos antes de acostarte. Ésta es otra buena manera de comenzar a relajarte y preparar tu cuerpo para dormir. Demasiada televisión, redes sociales o videojuegos (especialmente a altas horas de la noche) mantendrán tu mente sobreestimulada.

Come un refrigerio ligero pero no grandes comidas antes de acostarte. Demasiada comida antes de irte a dormir puede causar indigestión, acidez estomacal o náuseas. Si necesitas comer algo, asegúrate de que sea un refrigerio ligero.

Lee un libro, medita, date un baño o haz algo relajante. Encuentra actividades para hacer por la noche que pongan tu cuerpo en un estado relajado y te ayuden a relajarte al final del día.

Abre una ventana para que entre aire fresco mientras duermes. El aire fresco mejorará la calidad de tu sueño, por lo que es una buena idea abrir una ventana y tener buena ventilación en tu dormitorio.

Cierra las persianas, apaga las luces y haz que la habitación esté lo más oscura posible. Nuestro cerebro naturalmente asocia la oscuridad con el descanso, así que apaga cualquier luz que no sea necesaria.

Reproduce sonidos calmantes para ayudarte a dormir. Muchas personas descubren que poner sonidos relajantes (como cascadas, lluvia, olas o música ambiental) les ayuda a conciliar el sueño más rápidamente. Puedes encontrar aplicaciones o listas de reproducción gratuitas en tu computadora o teléfono para esto.

Visualízate en un lugar relajante. Si tienes problemas para relajarte, o tu mente está demasiado ocupada, practica visualizarte en un lugar tranquilo, como en la playa en un día de verano, mirando las estrellas por la noche o en una habitación llena de almohadas suaves.

Practica la respiración lenta y profunda para calmar tu cuerpo y tu mente. La respiración lenta es una forma conocida de calmar tu cuerpo y tu mente. Practica inhalar lentamente por la nariz, hacer una pausa de un segundo y luego exhalar lentamente por la boca. (También puedes hacer esto en combinación con escuchar sonidos suaves o visualizarte en un lugar relajante.)

Coloca un vaso de agua junto a tu cama. En caso de que tengas sed por la noche, es mejor tener un vaso de agua a tu lado en lugar de tener que levantarte de la cama y caminar a la otra habitación para tomar agua (lo cual te despertará mucho más).

Abrazar a un ser querido, a una mascota, o incluso a un animal de peluche. A menudo, ser capaz de abrazarnos con alguien (o algo) puede tener un efecto calmante y relajante en nosotros, lo que hace que sea más fácil conciliar el sueño.

Si no puedes dormir, levántate y haz algo durante 15 minutos. Si estás recostado en la cama por un tiempo y no puedes quedarte dormido, levántate y haz una tarea fácil y repetitiva por un tiempo. Lava los platos, dobla la ropa o limpia algo. Quemarás energía extra y te pondrás en un estado cansado.

ALIMENTACIÓN

Bebe agua con cada comida. El agua es una de nuestras necesidades más básicas y es mucho más saludable que tomar refrescos o bebidas azucaradas.

Come verduras y vegetales en cada comida. Las verduras son una parte importante de nuestra nutrición diaria.

Reduce el consumo de azúcar, comida rápida y comida chatarra (como bocadillos salados). El azúcar y la sal pueden ser las partes más dañinas de nuestra dieta si los consumimos en exceso.

Come menos carne roja. Trata de limitarte a una sola comida con carne roja por semana. Concéntrate más en el pollo, el pescado u otras alternativas que no sean carne de res.

Planifica y prepara tus comidas antes de que comience la semana. Cuando planificas y preparas tus comidas con anticipación, tendrás menos probabilidades de optar por opciones fáciles (como la comida rápida).

Desayuna temprano para que tu metabolismo funcione. Un desayuno temprano, incluso si es sólo algo pequeño como un plátano y una taza de café, puede ayudar a despertar tu cuerpo y acelerar tu metabolismo.

Cocina tus propias comidas en lugar de comer afuera. Cuando cocinamos nuestras propias comidas somos más conscientes de lo que estamos consumiendo que cuando comemos alimentos que ya están preparados.

Sírvete porciones más pequeñas. Cuando ponemos comida en nuestros platos, estamos motivados a terminarnos todo, incluso cuando ya estamos llenos.

Come despacio y con atención, y nota cuando estés lleno. Muchas personas comen demasiado rápido y eso las lleva a comer más de lo necesario. Practica comer más despacio. Saborea cada bocado y ten más en cuenta el sabor, el olor y la textura.

Evita los bocadillos mientras estás distraído o mirando televisión. Cuando estás viendo un programa de televisión o una película es fácil comer comida chatarra sin prestar atención a cuánto estás consumiendo.

Haz una dieta con un amigo para que puedan responsabilizarse mutuamente. Hacer dieta con un amigo te da un impulso adicional en motivación porque ambos están trabajando para lograr un objetivo común y pueden asegurarse de estar juntos en el camino.

Presta atención a cómo tu cuerpo responde a diferentes alimentos. A menudo, cuando comes algo poco saludable, tu cuerpo responde a él de una manera negativa; puedes sentir náuseas o fatiga. Prestar atención a cómo responde tu cuerpo a los diferentes alimentos te ayudará a tomar decisiones más inteligentes.

Revisa la etiqueta nutricional de todo lo que comes. A menudo no nos damos cuenta de lo que contienen los alimentos que comemos, por lo que siempre es útil revisar la etiqueta nutricional. Presta atención a las porciones, calorías, azúcar, sal y grasas.

Evita el hambre emocional: come para nutrir, no para afrontar. Las personas adquieren el hábito de comer cuando están aburridas o de mal humor, pero debemos acercarnos a comer con la intención de nutrirnos, no de enfrentar nuestros problemas.

Rodéate de comida saludable, en casa y en el trabajo. Comemos lo que está disponible para nosotros. Si llenas tu casa u oficina con bocadillos poco saludables, entonces probablemente los vas a comer.

Rodéate de personas que tengan hábitos saludables. Las personas en nuestra vida tienen una gran influencia sobre nosotros, así que si te rodeas de personas que comen de manera saludable y se mantienen en forma, entonces es más probable que adoptes esos mismos hábitos.

Toma un multivitamínico diario. Si bien es mejor obtener todos sus nutrientes a través de los alimentos, tomar un multivitamínico puede ser una buena manera de asegurarte de que estás obteniendo todas tus necesidades nutricionales diarias.

Disminuye el apetito tomando café o té. Si estás tratando de comer menos y perder peso, considera sustituir tu merienda habitual con una taza de café o té.

Prueba el ayuno intermitente los fines de semana o los "días de descanso". El ayuno intermitente puede ser una buena forma de perder peso y mejorar tu salud. Si tu médico lo aprueba, pasa un día entero (o medio día) sin comer nada (excepto agua, té o café).

Haz *smoothies* de frutas y verduras para ayudar a satisfacer tus necesidades nutricionales. Si deseas una manera fácil de satisfacer tus necesidades de frutas y verduras, considera poner algunas en una licuadora y crear un licuado.

¿Te portaste bien todo el día? Recompénsate con un postre o un "refrigerio no saludable". Está bien comer de vez en cuando alimentos poco saludables, pero la clave es tratarlos como una recompensa y no como algo cotidiano.

EJERCICIO

Sal y camina cada día. Muchas personas pasan demasiado tiempo en el interior, sentadas y físicamente inactivas. El simple hecho de salir más y caminar un poco es un gran primer paso para ser más activo físicamente.

Estira para comenzar tu mañana. Al comienzo del día, toma de 10 a 15 minutos para estirar tu cuerpo. Despiértate y haz que la sangre fluya a través de tus músculos y articulaciones antes de comenzar tu día.

Haz una repetición de lagartijas, saltos o sentadillas antes de bañarte. Éstos son ejercicios fáciles que cualquiera puede hacer en la mañana porque no requieren ningún equipo. Tómate de 10 a 15 minutos para ejercitarte un poco antes de bañarte.

Evita estar sentado demasiado tiempo, levántate con frecuencia, aunque sólo sea por unos pocos minutos. Si te sientas mucho en casa o en el trabajo, es importante que encuentres oportunidades para levantarte más, aunque sólo sea por unos minutos. Establece una alerta en tu teléfono cada hora para recordarte que debes levantarte y caminar por la oficina o hacer algo mientras estás de pie.

Haz actividades físicas que encuentres divertidas (andar en bicicleta, nadar, tenis, etcétera). En lugar de correr en una caminadora, podría ser más emocionante para ti hacer algo físico que disfrutas.

Haz repeticiones de lagartijas o sentadillas antes de comer un bocadillo. Ésta es una buena manera de mantenerte físicamente activo durante todo el día en formas pequeñas.

Haz repeticiones de barras cada vez que entres a tu dormitorio u oficina. Coloca una barra en tu puerta como recordatorio para hacer una repetición cada vez que entres a esa habitación.

Únete a una liga deportiva con amigos. Encuentra una liga deportiva en tu comunidad. Ésta es una manera fantástica de mantenerte comprometido con una actividad física divertida.

Ve al gimnasio con alguien que te responsabilice. Si tienes problemas para ir al gimnasio con regularidad, considera invitar a un amigo para que te acompañe. Puedes programar ir al gimnasio al mismo tiempo para mantenerse ambos comprometidos.

Sal con gente en forma. Retomamos los hábitos de las personas con las que pasamos la mayor parte del tiempo, por lo que rodearte de personas sanas y en buena condición te motivará a desarrollar esos mismos hábitos saludables.

Escucha música mientras haces ejercicio. La música alegre hará que tus entrenamientos sean más divertidos y emocionantes.

Siempre que puedas, camina o anda en bicicleta en lugar de conducir. Si planeas ir a algún lugar que se encuentre a una distancia que se puede recorrer a pie o en bicicleta, considera hacerlo en lugar de conducir (¡también ahorra combustible!).

Practica ejercicios de mente y cuerpo, como yoga o tai chi, para mejorar la conciencia del cuerpo. Un gran componente de tu salud es ser cada vez más consciente de tu cuerpo y de cómo funciona. El yoga, el tai chi y el estiramiento consciente son excelentes maneras de hacer esto. ¡Sólo necesitas de 10 a 15 minutos cada mañana!

Haz deportes u otras actividades físicas con tus hijos. Practicar deportes con tus hijos, incluso si es algo tan simple como lanzar una pelota de beisbol o jugar basquetbol, es una excelente manera de desarrollar una cultura de acondicionamiento físico en tu familia.

Juega con tus mascotas: llévalas a pasear, sácalas, juega "luchitas". Llevar a tu perro a pasear todos los días, o alargar tu paseo habitual, es una buena manera de hacer un poco de ejercicio.

Estaciónate más lejos, así tendrás que dar un pequeño paseo para llegar a donde quieres ir. Una forma sencilla de obtener actividad física adicional es estacionarte en el extremo opuesto a tu destino en el estacionamiento.

Pasa tiempo en la naturaleza, incluso si es sólo en un parque. Estar cerca de la naturaleza puede beneficiar tanto tu salud física como tu salud mental. Encuentra parques cercanos, lleva a un amigo y haz una caminata o senderismo.

Haz el amor con tu pareja más a menudo. Hacer el amor es una forma divertida y disfrutable de mantenerte físicamente activo y conectarte con tu pareja más a un nivel íntimo, ¡una excelente forma de ejercitarte!

LIMPIEZA

Haz tu cama todas las mañanas. Se siente bien completar una tarea y generar un impulso, además de que puedes regresar a casa a una cama limpia.

Minimiza tus posesiones. La mayoría de las personas posee tantas cosas que no sabe qué hacer con ellas o dónde colocarlas. Mantén las cosas simples y apégate a lo esencial.

Para dejar ir un objeto sentimental, toma una foto de él. Si te resulta difícil separarte de un elemento que no necesitas, toma una fotografía para guardar el recuerdo. Si crees que algunos artículos que no necesitas aún tienen valor, considera donarlos a una organización benéfica o dárselos a un amigo.

No abandones una habitación sin recoger tu tiradero. Un gran hábito es limpiar tu tiradero tan pronto como los hagas. Por ejemplo, no dejes que los platos sucios se acumulen, lávalos justo después de terminar de comer.

Tira la ropa sucia directamente en el cesto de la ropa sucia. La ropa sucia se puede acumular y salirse de las manos si no la ponemos en su lugar de inmediato.

Divide las tareas de limpieza si vives con otros. Todos en el hogar deben colaborar para hacer su parte justa para mantener el hogar limpio y ordenado. Asigna tareas para cada persona y rota semanalmente.

Escucha música para hacer más divertida la limpieza. La música siempre hace que las tareas tediosas y aburridas sean más divertidas e interesantes.

Abre las ventanas para dejar entrar el aire fresco. Siempre que puedas, deja que entre aire fresco a tu hogar y asegúrate de que las cosas no se vuelvan obsoletas.

Usa flores y plantas para llenar tu hogar con aromas agradables. Las flores y las plantas también proporcionan oxígeno fresco y tienen un efecto psicológico positivo.

Siempre limpia lo que ensucies cuando seas un invitado en la casa de otra persona. Ten la cortesía de limpiar después de ti y de tratar la casa de tu anfitrión al menos tan bien como lo haces con la tuya.

Quítate los zapatos adentro de tu casa. Ésta es sólo una buena manera de evitar arrastrar la suciedad a través de tu hogar.

Guarda documentos importantes en un archivero. De esta manera, el papeleo, como documentos fiscales, contratos, etcétera, se organizará en un solo lugar. Asegúrate de configurar un sistema de organización que puedas seguir y mantenlo actualizado.

Lava tus sábanas semanalmente. Asegúrate de que tus sábanas estén siempre limpias y con un olor fresco. Esto también te ayudará a dormir mejor.

Guarda las cosas tan pronto como termines de usarlas. Sólo requiere un poco de esfuerzo, pero ahorra mucho tiempo y estrés a largo plazo.

Dedica un poco de tiempo cada semana a la limpieza. Elige un día y una hora específicos cada semana para programar una o dos horas de limpieza sólida: aspirar, limpiar el polvo, lavar los baños, etcétera.

Una vez al año, dedica un día a un "maratón de ordenar". Esto es cuando pasas por toda tu casa limpiando todo y desechando toda la basura que ya no necesitas. Hacer esto facilitará el mantenimiento de un hogar limpio y ordenado durante el resto del año.

DINERO

Ahorra por lo menos 10% de todos tus ingresos. Los ahorros son importantes para grandes gastos, especialmente emergencias, gastos de lujo o vacaciones.

Presupuesta todos los gastos cada mes. Tómate el tiempo para averiguar cuál es tu presupuesto mensual. ¿Cuánto necesitas típicamente por mes para pagar alimentos, alquileres, facturas y otros gastos?

Compra en tiendas de segunda mano y ventas de garaje. Éstos son excelentes lugares para encontrar ropa barata, electrodomésticos y otras cosas por las que normalmente pagarías mucho más en una tienda minorista.

Prepara tu comida en casa en lugar de comer afuera. Hacer la comida por tu cuenta puede ser mucho más barato que comer en restaurantes.

No compres cosas sólo para indicar afluencia o estatus. En lugar de tratar de "mantenerte al día con la moda" sólo concéntrate en tus necesidades y deseos personales.

Encuentra un trabajo que ofrezca posibilidad de crecimiento. Si estás buscando un nuevo trabajo o carrera, considera cuánto espacio hay para el crecimiento y la movilidad ascendente.

Comienza un proyecto complementario para obtener ingresos adicionales. Vender ropa o artesanías y manualidades que hagas, o escribir un blog, son algunas de las formas en que puedes canalizar tus pasiones en dinero extra.

Utiliza conscientemente las tarjetas de crédito y no dejes que se acumule la deuda. Es muy fácil comprar cosas que no podemos pagar, especialmente si sólo las cargamos a nuestra tarjeta de crédito. Ten mucho cuidado con la forma en que acumulas la deuda y asegúrate de tener un plan para saldarla lo antes posible.

Encuentra cosas baratas o gratuitas que hacer los fines de semana. No necesitamos gastar mucho dinero para encontrar cosas divertidas que hacer en nuestro tiempo libre. La mayoría de las comunidades planifica eventos locales, conciertos y festivales que son baratos o gratuitos para asistir. También puedes ir al parque, la biblioteca, el boliche o al minigolf. Encuentra calendarios de eventos en tu área y sigue lo que sucede cada semana que sea divertido y barato.

Haz una venta de garaje para vender cosas que no necesitas. Si tienes muchas cosas por ahí que crees que son valiosas pero no las necesitas, considera venderlas en una venta de garaje o a través de distribuidores en línea como eBay o Amazon.

Toma en cuenta el futuro, no sólo consumas por el presente. Los estudios demuestran que mantener tu "yo futuro" en mente puede frenar el gasto impulsivo y el consumismo. Cuando realices una compra grande, pregúntate: "¿Es algo que todavía voy a valorar años más tarde?"

Aprende a arreglar tus propios muebles y electrodomésticos. Es inteligente aprender a hacer reparaciones básicas en la casa (especialmente de aparatos descompuestos), para que no siempre tengas que contratar a alguien que lo haga por ti.

Usa productos de segunda mano de la familia y los amigos. Considera comunicarte con familiares y amigos y averiguar si tienen ropa, electrodomésticos u otros artículos que ya no necesitan. (Esto es especialmente útil para suministros para bebés y niños.)

Cuida bien tus pertenencias para que duren más. Sé amable con tus pertenencias y realiza un mantenimiento regular cuando sea necesario, y ahorrarás dinero al mantener los artículos caros durante más tiempo, como tus autos, computadoras, electrodomésticos principales, etcétera.

Aprende a cortar tu propio cabello. Ahorrarás mucho si esto es algo que puedes hacer por tu cuenta en lugar de contratar a un profesional para que lo haga por ti.

Concéntrate en comprar experiencias, no cosas. Los estudios demuestran que las personas a menudo obtienen más felicidad y satisfacción con la vida cuando se enfocan en experiencias en lugar de cosas. ¿Construyes recuerdos con tus compras o simplemente acumulas cosas?

Compra un auto que sea confiable y económico. Los automóviles y el dinero de la gasolina son a menudo algunos de los gastos más grandes que tenemos, por lo que encontrar un automóvil económico puede ahorrarte mucho dinero a largo plazo.

Almacena y reutiliza los alimentos sobrantes en lugar de tirarlos. No desperdicies buena comida. Consigue algunos recipientes buenos para guardar las sobras y asegúrate de comerlos en los próximos días para que no se echen a perder.

Aprovecha los descuentos o las rebajas, pero sólo de las cosas que ya planeas comprar. Concéntrate en las compras que ya estabas planeando hacer, y no sólo en comprar algo porque, "¡Guau, tiene 25% de descuento!"

Siempre lleva algo de dinero extra escondido en tu cartera. Mantén el dinero extra escondido que sólo tocarás en caso de emergencia.

No apuestes dinero que no estés dispuesto a perder. La regla número uno si vas a apostar o hacer una inversión arriesgada es estar preparado para perderlo todo. Imagina el peor de los casos; ¿te afectaría?

Guarda el dinero de reserva en algún lugar de tu casa para utilizarlo en caso de emergencia. Esto es sólo en caso de que haya un apagón o alguna otra emergencia en la que no puedas acceder a un banco o cajero automático.

Recuerda que el dinero es sólo una herramienta, depende de ti cómo usarlo. Nunca olvides que el dinero no es necesariamente algo "bueno" o "malo", es sólo una herramienta y depende de ti lo que hagas con él.

RELACIONES

Di "Hola" a los demás cuando se crucen. Hacer contacto visual con alguien o decir "Hola" o "¿Cómo estás?" muestra que eres amigable y que estás interesado, y los otros te corresponderán.

Di "por favor" y "gracias" (incluso para cosas pequeñas). Este signo básico de buenos modales puede ser muy útil y demuestra que eres es una persona amable y considerada.

Sé un buen oyente, da a las personas tiempo para hablar sin interrupción. Una buena conversación es tanto sobre escuchar como sobre hablar.

Sonríe con más frecuencia. Sonreír te hace ver más amigable y atractivo.

Trata a todos con respeto, independientemente de su estatus social. La mejor señal de buen carácter es que tratas a todos con el mismo respeto, independientemente de su posición en la vida.

Asegúrate de que las personas menos extrovertidas se sientan incluidas y escuchadas. En muchas situaciones sociales puede haber una persona tímida y reservada que accidentalmente se queda fuera de la conversación. Intenta incluir a esta persona en la conversación.

Sé consciente de tu tono de voz. Cómo dices algo es tan importante como lo que dices. Observa tu tono de voz y sé consciente de los mensajes que envías a las personas.

Llama a tus padres una vez a la semana, si es posible. Mantente en contacto frecuentemente y demuestra que te importan.

No hables demasiado alto en lugares públicos. Es una cortesía común respetar los lugares públicos y no interrumpir a otras personas.

Guarda tu teléfono cuando hables con la gente. No es necesario que revises tus mensajes de texto, correos electrónicos o redes sociales mientras estás cara a cara con otra persona.

Llega a tiempo. Siempre trata de llegar a un evento programado a tiempo o un poco antes. Hacer que los demás te esperen a menudo se considera grosero e irrespetuoso.

Trata a los servidores profesionales con respeto. Muchas personas maltratan a los meseros y otros servidores profesionales. Se puede decir mucho sobre una persona por la forma en que trata a los servidores.

No hables a espaldas de la gente. El chisme no es atractivo para la mayoría de las personas y con frecuencia puede volverse en tu contra si terminas difundiendo mentiras o cosas que no deberías compartir.

Evita meterte en los errores de otras personas. Nadie es perfecto. No hay necesidad de corregir cada error que comete una persona.

Minimiza la discusión sobre temas acalorados. Muchas veces es mejor evitar temas controvertidos como la política, la religión y la filosofía.

Discúlpate y admite cuando te equivocas. Siempre es mejor admitir cuando hiciste algo mal y ofrecer una disculpa genuina que repasarlo o fingir que no sucedió.

Mantente en contacto con viejos amigos y familiares, aunque sólo sea con un mensaje de texto. Un mensaje de texto rápido que dice: "Hola, ¿cómo estás? ¡Espero que todo esté bien!" Es todo lo que necesitas para que la gente sepa que la tienes en cuenta.

Sé honesto acerca de tus pensamientos y sentimientos sin ser agresivo. Es saludable ser honesto y abierto acerca de cómo piensas y cómo te sientes, pero debemos aprender a expresar nuestras opiniones de una manera cuidadosa que no resulte hostil.

Aprende a dejar que otros tengan la última palabra. Es un buen hábito dejar que las personas tengan la última palabra en ocasiones y no siempre sentir la necesidad de tener una respuesta a todo.

Respeta a tus mayores, escúchalos y aprende de sus historias. Las personas que han vivido más tiempo que nosotros a menudo tienen consejos, sabiduría e historias de las que todos podemos beneficiarnos y aprender.

Escribe una carta personal para mostrar a alguien que te importa. Escribir una carta personal tiene un toque más humano que el simple hecho de enviar un correo electrónico o mensaje de texto.

Presenta a las personas entre sí. Una de las mejores maneras de fortalecer su círculo social es presentar a las personas y ayudarlas a establecer conexiones. Ésta es una gran idea si tienes dos amigos que comparten intereses y objetivos similares.

Si tienes críticas sobre alguien, exprésalas en privado. La crítica de las personas en público a menudo las pone a la defensiva (y las avergüenza).

Trata de ver las cosas desde la perspectiva de la otra persona antes de emitir un juicio. Tomarte el tiempo para ver las cosas desde el punto de vista de otra persona es esencial para entender de dónde viene y aprender cómo comunicarte mejor con ella.

No hagas bromas a costa de otra persona. Hay muchas maneras de ser gracioso sin tener que intimidar a la gente, burlarse de sus defectos o hacer que se sienta incómoda.

Da apretones de mano firmes al conocer gente nueva. Un apretón de mano es una parte importante de la primera impresión que causas en alguien.

Perdona y suelta cuando otros te lastimen o te decepcionen. Mantener los rencores y las decepciones a menudo puede dañar tu salud mental y dificultar la mejora de tus relaciones.

Dale espacio a las personas cuando lo necesiten. Lo mejor que puedes hacer en ciertas situaciones es darle a alguien tiempo y espacio para resolver las cosas por su cuenta. No te vuelvas demasiado necesitado o apegado; asume que las personas volverán a ti cuando estén listas.

Haz contacto visual con las personas al hablar con ellas. El contacto visual (pero no el mirar fijamente) es una forma importante de mostrarle a las personas que las estamos escuchando y prestándoles atención.

Sé abierto a los comentarios de los demás sin tomarlo personal. Una persona segura de sí misma puede recibir comentarios y críticas de otras personas sin reaccionar de forma exagerada ni tomarse las cosas demasiado en serio.

Reflexiona sobre las experiencias positivas que has disfrutado con los demás. Una excelente manera de fortalecer tus relaciones es reflexionar juntos sobre las experiencias positivas que han compartido.

SALUD MENTAL

Haz tiempo en tu día para relajarte. Darte tiempo y espacio para relajarte es una de las formas más importantes de combatir el estrés y la ansiedad.

Pasa tiempo con gente positiva. Los estudios demuestran que nuestras emociones pueden ser contagiosas, así que trata de pasar tiempo con personas que te eleve y no te depriman.

Haz algo creativo durante 30 minutos cada día. Encontrar un pasatiempo creativo que resuene contigo puede ser una excelente manera de expresar tus pensamientos y sentimientos, y mejorar tu salud mental general y tu bienestar.

Escribe sobre errores pasados y fracasos para aprender de ellos. Tómate entre 10 y 15 minutos para escribir sobre un fracaso que te está molestando y qué lecciones puedes sacar de él, y te resultará más fácil dejarlo ir.

Escribe sobre tus fortalezas individuales y logros pasados. Tómate de 10 a 15 minutos para hacer una lista de tus fortalezas y logros pasados, luego guárdalos en algún lugar para revisarlos cuando necesites un impulso adicional para motivarte.

Escucha música para cambiar tu estado de ánimo. La música es una de las maneras más poderosas para cambiar nuestro estado de ánimo y emociones. Crea listas de reproducción para diferentes estados de ánimo (estimulantes, motivadoras, relajantes, etcétera) y luego escúchalas cuando desees recrear ese estado de ánimo.

Repite tres afirmaciones positivas o citas cada mañana. Pensar positivamente no siempre es fácil, así que a veces tenemos que practicarlo.

Minimiza tu exposición a la información negativa. Los titulares de noticias, sitios web y redes sociales a menudo se centran en información negativa porque es más probable que capte tu atención. Intenta minimizar tu exposición a esta negatividad creando tus propias fuentes de noticias positivas y sabiendo cuándo ignorar / bloquear a las personas negativas.

Concéntrate en lo que está en tu poder cambiar. Uno de los más grandes contribuyentes a la felicidad es concentrarte en lo que tienes más poder para cambiar en tu vida e ignorar las cosas que están fuera de tu influencia. Haz una lista de tres cosas en tu vida que tengas el poder de cambiar.

Da un paseo por la naturaleza una vez por semana. Los estudios demuestran que estar cerca de la naturaleza puede ser un gran impulso para nuestra salud mental y nuestro bienestar.

Practica la meditación consciente una vez a la semana. La meditación es un ejercicio altamente recomendado para aumentar tu felicidad y bienestar, así como para disminuir tu estrés y ansiedad. Encuentra una simple meditación de respiración de 10 a 15 minutos y practícala al menos una vez por semana.

Haz una lista de las cosas por las que estás agradecido. Los estudios demuestran que contar tus bendiciones juega un papel importante en tu salud mental. Haz una lista de cinco a 10 cosas por las que estás agradecido en tu vida, luego ponla en algún lugar donde la veas (en tu refrigerador, en tu coche, sobre tu cama, etcétera).

Lee dos libros cada año que amplíen tu perspectiva. Leer libros nos permite aprender y experimentar cosas nuevas a las que nunca tenemos oportunidad en el mundo real.

Haz un acto amable cada día, sin esperar recibir nada a cambio. Hacer actos de amabilidad al azar puede proporcionar otro fuerte impulso a nuestra salud mental, incluso si se trata de algo simple como ayudar a alguien con la tarea, hacer un cumplido o sostenerle la puerta a alguien.

Encuentra maneras de dar a tu comunidad. Se siente bien participar en tu comunidad y tratar de devolver lo más posible, especialmente a los menos afortunados. Encuentra organizaciones benéficas locales u organizaciones de voluntarios y descubre cómo puedes ayudar.

Pasa más tiempo besando y abrazando a tus seres queridos. Todos necesitamos afecto humano para sentirnos conectados con los demás.

Tómate un "día de salud mental" cuando realmente lo necesites. A veces la vida se vuelve demasiado abrumadora y sólo necesitamos tomarnos un día para relajarnos y descansar.

Haz una lista de tus valores fundamentales en la vida. Centrarse en lo que realmente valoramos en la vida nos ayuda a entender dónde deben estar nuestras prioridades. Tómate de 10 a 15 minutos y escribe una lista de los valores fundamentales en tu vida ("Familia", "Trabajo", "Salud", etcétera) y cómo puedes mejorarlos.

Encuentra 10 minutos cada día para sonreír, cantar o bailar. Es bueno darnos la oportunidad de expresarnos positivamente y elevar nuestro espíritu.

Escribe tus creencias negativas en un papel, luego quémalo. Éste es un pequeño truco para hacer que tus creencias negativas sean menos poderosas.

Intenta encontrar el humor en las cosas, y ríete más. Una de las claves para la salud mental es poder encontrar el humor en casi cualquier cosa, especialmente si eres capaz de dar la vuelta a una experiencia desagradable o mala y encontrar una manera de reírte de ella. La risa en sí misma es una excelente manera de reducir el estrés y estimular las emociones positivas.

Si es parte de tu sistema de creencias, reza una vez al día. La oración puede ser un gran impulso para tu salud mental si sigues una religión o tradición espiritual.

TRABAJO

Considera los tipos de trabajo que te gusta hacer. Muchos de nosotros pasamos una gran parte de nuestra vida trabajando en un empleo, por lo que es importante que busquemos un trabajo que disfrutemos y resuene con nosotros de alguna manera.

Haz una lista de las cosas que disfrutas de tu trabajo. Aunque ninguno de nosotros tiene el "trabajo perfecto", aun podemos centrarnos en las cosas que disfrutamos al respecto (incluso si sólo te gustan las personas con las que trabajas o sentir una sensación de satisfacción cuando completas una tarea).

Siempre llega al trabajo a tiempo. Éste es uno de esos pequeños hábitos que pueden hacer que te destaques como empleado responsable.

Haz una lista diaria de "cosas por hacer". Tómate un momento antes de comenzar cada día para anotar de tres a cinco cosas clave que debes hacer ese día. Esto te mantendrá en el buen camino, además de que se siente bien cuando puedes tachar cosas de tu lista a medida que las completas.

Haz las tareas más importantes, difíciles y urgentes primero. A menudo tenemos más energía al comienzo del día que al final, por lo que muchos recomiendan hacer las tareas más difíciles y urgentes primero.

Divide los grandes objetivos en tareas más pequeñas. Cualquier gran objetivo se puede dividir en múltiples tareas más pequeñas. Céntrate en lo que puedes hacer hoy para acercarte a tu objetivo y continúa construyendo desde allí.

Aprende cuándo pedir ayuda. Nadie puede hacer todo por su cuenta. Las personas más felices y exitosas saben cuándo es el momento de pedir ayuda y orientación.

Continúa adquiriendo conocimientos y aprendiendo nuevas habilidades. Leer, ver videos, asistir a cursos y escuchar a expertos son formas fantásticas de desarrollar tus conocimientos y habilidades.

Red de personas que pueden ayudar. Para muchas carreras, establecer contactos con personas de ideas afines es importante para el éxito y para poder avanzar. Haz una prioridad el asistir a fiestas, reuniones u organizaciones que te ayuden a conectarte con nuevas personas.

Programa pequeños descansos para recargar. La relajación es tan importante como la motivación cuando se trata de tener éxito.

Recompénsate cuando hagas un trabajo increíble. Cuando logres algo grandioso en el trabajo, siéntete libre de celebrar en pequeñas formas, como tomarte un día libre, visitar un nuevo restaurante o ir de vacaciones de fin de semana.

Pon música para mantenerte motivado mientras trabajas. Si es apropiado, reproducir música mientras trabajas puede ser una excelente manera de hacer que tu día sea más placentero y motivarte a trabajar más duro.

Sé feliz por el éxito de otras personas y aprende de ellas. En lugar de estar celoso del éxito de otras personas, siéntete feliz por ellas, felicítalas y hazles preguntas para descubrir qué las hizo tan exitosas.

No esperes hasta el último minuto para cumplir un plazo. A menudo subestimamos el tiempo que lleva completar un proyecto (esto se conoce como la "falacia de planificación"), por lo que es importante comenzar tu trabajo lo antes posible y avanzar.

Diviértete comenzando una sana competencia con compañeros de trabajo. Si es posible, puede ser motivador establecer una competencia amistosa con las personas con las que trabajas (por ejemplo, quién puede hacer más ventas en un día o quién puede completar su proyecto más rápido).

Sé lo más amigable posible con todos tus compañeros de trabajo. Tienes que estar con las personas con las que trabajas a diario, será mucho más fácil si intentas mantener buenas relaciones.

No tengas miedo de decir "no" si estás realmente ocupado. Las personas tienen problemas para decirles a los demás "no" a algo porque no quieren decepcionar, pero si estás demasiado ocupado, es mejor decir "no" que abarcar más de lo que puedes hacer y romper tu promesa.

Haz de tu página de inicio de internet algo relacionado con la productividad, como los correos electrónicos. Ésta es una buena forma de recordar el trabajo y no distraerte abriendo tus redes sociales.

Pregúntale a tu jefe qué es lo que necesita de ti; sé de gran ayuda. De vez en cuando tómate un momento para preguntarle a tu jefe: "¿Qué necesitas de mí? ¿Qué puedo hacer mejor?"

Permanece abierto a los comentarios de otros (compañeros de trabajo, tu jefe) y no lo tomes personal. Incluso si no se dice de la manera más educada, a menudo se puede aprender de la crítica constructiva.

No tengas miedo de compartir tus opiniones, de una manera educada y respetuosa. Un lugar de trabajo saludable requiere que las personas sean honestas y abiertas acerca de cómo se sienten, especialmente cuando se trata de cómo mejorar las cosas. Practica ser capaz de decir lo que piensas de una manera constructiva.

Haz elogios a los demás cuando hagan un buen trabajo. Las personas a menudo responden mejor a los estímulos positivos que a los comentarios negativos, así que si ves que alguien está mejorando y está haciendo un buen trabajo, asegúrate de tomarte el tiempo para señalarlo y felicitarlo.

Reflexiona sobre el panorama detrás de tu trabajo. Cada trabajo o carrera cumple una función en la sociedad y da valor a las personas de alguna manera. Encuentra las formas en que tu trabajo contribuye al bien común y cómo beneficia a las personas.

Lecturas recomendadas

168 Hours: You Have More Time Than You Think, de Laura Vanderkam.

Connected: The Surprising Power of Our Social Networks and How They Shape Our Lives, de Nicholas A. Christakis y James H. Fowler.

How to Fail at Almost Everything and Still Win Big: Kind of the Story of My Life, de Scott Adams.

Mindset: The New Psychology of Success, de Carol S. Dweck.

No Sweat: How the Simple Science of Motivation Can Bring You a Lifetime of Fitness, de Michelle Segar.

The Best Place to Work: The Art and Science of Creating an Extraordinary Workplace, de Ron Friedman.

The Checklist Manifesto: How to Get Things Right, de Atul Gawande.

The Last Mile: Creating Social and Economic Value from Behavioral Insights, de Dilip Soman.

La magia del orden: Herramientas para ordenar tu casa... ¡y tu vida!, de Marie Kondo.

The Power of Having Fun: How Meaningful Breaks Help You Get More Done, de Dave Crenshaw.

El poder de los hábitos: por qué hacemos los que hacemos en la vida y en la empresa, de Charles Duhigg.

Tools of Titans: The Tactics, Routines, and Habits of Billionaires, Icons, and World-Class Performers, de Tim Ferriss.

Willpower: Rediscovering the Greatest Human Strength, de Roy F. Baumeister y John Tierney.

Agradecimientos

Hay muchas personas a quienes agradecer por hacer posible este libro y ayudarme a lo largo de mi vida a ser la mejor versión de mí mismo:

Ante todo, gracias a mis padres, Steve y Susan, por traerme a la existencia y brindarme la mejor vida posible. A mis hermanos Ken y Jen, por aguantar mis maneras excéntricas durante tanto tiempo, pero siendo buenos amigos al respecto.

Gracias al resto de mi familia: abuelos (Dolores, Bob, Irwin, Dorothy), tíos (Bob, Rick, Tom), tías (Cathy, Nancy) y primos (Ricky, Nicole).

Todos mis increíbles amigos a lo largo de los años, incluidos Justin W., Paul W., Matt K., Victor C., Anthony C., Todd G., Chris K., Michael P., Will R., Andrew F., Anthony O., Matt D., y cualquier otra persona que extrañe: Gracias.

También, muchas gracias a todos los que han apoyado mi trabajo y a The Emotion Machine durante la última década, especialmente a aquellos con los que me he conectado en Twitter, Facebook, Reddit, correo electrónico, etcétera. Sus comentarios siempre son escuchados y apreciados. Tuvieron un gran impacto en el trabajo realizado en este libro.

Por último, pero no menos importante, gracias a todos los demás, incluida la gente de Ulysses Press.

¡Gracias a todos!

Pequeños hábitos, grandes cambios de Steven Handel
se terminó de imprimir en junio de 2019
en los talleres de
Litográfica Ingramex S.A. de C.V.,
Centeno 162-1, Col. Granjas Esmeralda, C.P. 09810,
Ciudad de México.